特別支援教育は特別なの？

阿久澤 栄

玉川大学出版部

はじめに

特別支援教育が制度化されて二年近くが過ぎようとしています。まだまだ戸惑い続ける学校が数多くある中で、高機能自閉症、アスペルガー障害、学習障害（ＬＤ）や注意欠陥多動性障害（ＡＤＨＤ）などの、知的にはほとんど問題ない発達障害といわれる子どもたちを、見事なまでに通常の学級に溶け込ませている学校もあります。こうした学校では、「まず、様々な難しい行動をとる子どもたちの行動の意味を教職員みんなで学びあった結果、障害のない他の大多数の子どもたちと異なるものではないことがわかり、ちょっとした配慮が大きな効果を上げだした」としています。

発達障害といわれる子どもたちを「障害児」ととらえ、特別支援教育を「特別」な教育、「特殊」な教育と考えていては、この教育はうまくいかないのです。特別支援教育は「幼児児童生徒一人ひとりの教育的ニーズを把握し、その持てる力を高め、生活や学習上の困難を改善または克服するため、適切な指導及び必要な支援を行うもの」です。だとするならば、この教育の対象児は、高機能自閉症などのいわゆる発達障害児だけではありません。教室の中の大多数の子どもたち一人ひとりが様々な課題を抱えています。そうした子どもたちに対して指導や支援を行うには、その子ども自身が抱える課題を適切に把握することから始めなければなりません。発達障害といわれる子どもたちも同じです。その指導の難しい行動等はどこからきているのかをきちんと押さえる必要があります。そのためには、従来からの知識、経験や勘などだけでは、この子どもたちの難しい行動の意味をとらえることはできません。

本書は、高機能自閉症児などいわゆる発達障害といわれる子どもたちの行動の背景となる障害特性などを、できるだけ専門用語を使わずに、また、学校教育の視点から、初めてこうした子どもたちに接した方々にも、その行動の意味が的確に伝わるようまとめたものです。また、教職経験がなく大学の教育学部等で教職を目指して勉強している学生の皆さんにも、こうした子どもたちの特性がわかりやすいようにまとめています。特別支援教育の実用書であると同時に入門書でもあるのです。

学校の中で行ってきた様々な教育活動を生かしながらも、子どもたちへの声かけの仕方を省みてちょっとした工夫をしてみれば、また、今まで学校ではあたり前とされていた子どもたちへの接し方を省みてちょっとした配慮をするだけで、この子どもたちの難しい行動は激減します。なぜ、今までの声かけの仕方や接し方ではうまくいかないのか。その理由は、この子どもたちの障害特性などが理解できれば、すぐに納得できることばかりなのです。

本書は、はじめに特別支援教育の意味を考え、その上で高機能自閉症やアスペルガー障害、学習障害、注意欠陥多動性障害、被虐待児の障害そのものの特性やそこから派生する行動特性等をまとめ、さらに教室でこうした子どもたちを指導する際に参考となる指導のヒント、また学校全体でどのような取り組みが必要なのかを順を追ってまとめています。

発達障害と呼ばれている子どもたちを含め、教室の中の子どもたちすべてが楽しく充実した学校生活を送れるように、今こそ、学校教育にかかわる私たちがもう一度足もとを見つめなおすことが必要なのです。そのための一冊にしてくださればと考えています。

もくじ

第2章 自閉症（高機能自閉症・アスペルガー障害） 35

第6章 教室での指導の進め方 151

第1章
特別支援教育とは

1 特別支援教育は「特別」なものではない

二〇〇七年四月から「特別支援教育」が制度化されました。それ以前から、それぞれの学校では、教室の中で指導の難しい子どもたちへの対応に苦慮していました。なぜなのでしょうか。

それは、わが国の学校では、長い間、主として集団指導という形態で指導が行われてきたからです。もちろん、集団指導の形態をとりながらも、その中で子どもたち一人ひとりについて細かく実態把握をし、指導が行われてきたはずです。しかし、この指導形態は、学級の子どもたち全員が教員の指示に従い一斉に同じ行動をとることを前提としています。また、多くの教員がそれを当たり前だと考えてきました。ところが、教員が今までの経験や知識を駆使して指示をしても、それを聞いていないかのように、指示に従えない子どもたちが見られるようになってきたのです。それに対し、教員は戸惑い、対応に苦慮してきたのではないでしょうか。

教室の中で指導の難しい子どもたちの多くは、学習障害や注意欠陥多動性障害や高機能自閉症など、いわゆる「障害児」と呼ばれている子どもたちです。しかし、こうした子どもたちの指導は、考えるほど難しいものではありません。子どもによって、認知の仕方や感じ方の違いなどはありますが、教員がその特性などに合わせた指導やちょっとした配慮さえできればよいのです。要は、彼らのもつ特性を知ることが大切なのです。

(1)「障害児だから仕方がない」……そうでしょうか?

指導の難しい子どもたちが数多く在籍している通常の学級の担任教員は、一生懸命対応を続けながらも「障害児なのだから本来自分の担当すべき子どもではない。仕方がない」と思ってはいないでしょうか。

「特別支援教育」は、出発点が学習障害児への対応であり、文部科学省でも特殊教育課(現在の特別支援教育課)が担当してきたことから、多くの人が「特殊教育」の延長線上に位置するものと考えています。そうした意味で考えれば、まさに「特別」な教育であり、「特殊」な教育ということになってしまいます。

しかし、「特別支援教育」の基本理念である『一人一人の教育的ニーズを把握し、(中略)適切な指導及び必要な支援を行う』[※1]べき対象は「障害児」だけではありません。すべての子どもたちに対して必要なことなのです。教員は、自分が担当する子どもたち全員に対して、一人ひとりの教育ニーズをきちんと把握した上で指導してきたでしょうか。指示をあたかもきちんと聞いているかのような、表面上指示に従う行動に、安穏としてきたことはないでしょうか。神奈川県では、特別支援教育は「特別」なもの、「特殊」な教育といった誤解を避けるために、特別支援教育から「特別」の文字を外した「支援教育」を提唱し、その対象児もいわゆる障害児だけでなく様々な課題を抱える子どもたちにすべきであると※2していいます。

確かに、なんらかの「障害」のある子どもたちの多くは、認知や感じ方の違いなどがあり、教育ニーズの把握や対応の仕方などが難しいことは事実です。しかし、「障害児」だから一律に自分の担当ではなく（通常の学級ではなく）他の場で指導すべきと考えるのは誤りです。「障害児だから仕方ない」と考える前に、まず一人ひとりの教育ニーズを把握してみましょう。

(2) 教育ニーズを把握するには

教室の中には、他の子どもたちとは何となく話し方や遊び方が違う、授業中に突然立ち上がる、些細なことでカーッとなって喧嘩を始める、自分のノートを破り捨てる、授業中に授業とは関係ないことを話し続ける、休み時間には独りぼっちだけれどもそのことを別に気にしているような素振りは見えない等々、何か他の子どもたちとは違うと感じられ、気になる子どもがいます。このような子どもであっても、必ずしも障害があるとは限りません。家庭で十分に愛されていると感じられず問題行動が現われているのかもしれませんし、教員自身の接し方が原因で他の子どもたちとは違う動きをしているのかもしれません。障害というより内気な性格から孤立的になっているのかもしれません。

しかし、障害のあるなしにかかわらず、こうした子どもたちは、特別な支援が必要な子どもたちです。

■実態の把握——「勘」プラス正確な記録を！

こうした子どもたちの教育ニーズを把握するには、まず、その子どもの実態を正確に把握することが大切です。経験豊富な教員の「勘」は確かな場合が多いのですが、「勘」だけに頼るわけにはいきません。大切なことを見落としていることもありますし、保護者との協働のための話し合いや校内での協議には役立ちません。「勘」は自らの体験がベースになっています。そのため、今まで経験しなかった行動をする子どもたちの把握には、役立たないことの方が多いのです。何か違うと感じたら、その行動を正確に記録することがまず必要です。内山登紀夫らは、高機能自閉症児の様子を把握するための記録に当たっては、ポイントを押さえることが必要、としています。[※3] ここでは内山らが指摘した記録のポイントをもとに、学習障害児や注意欠陥多動性障害児、さらには被虐待児にまで幅を広げ、記録に必要な観点を挙げてみましょう。

記録のポイント

悪いこと、おかしいことだけでなく、よいところ、優れたところも見逃さないようにしてください。

①集団行動ができるか、どこまでなら可能か。
②学力（認知能力）はどの程度か、アンバランスを的確に把握する。
③こだわりとも関係するが、○○博士ともいえるような得意分野があるか。
④言語・コミュニケーションはどのような状態か。（相手のことばの理解の程度、ことば数、ひとり言、声の調子、オウム返しや文法上の誤り、場にそぐわない話題、一方的でやりとりのない話し方、指差しや身振りや表情の理解と使用）
⑤運動発達のアンバランスや不器用さはないか。
⑥遊びや興味・関心は偏っていないか、友達遊びができるか、ごっこ遊びやみたて遊びをするか（幼児）。
⑦対人関係はどんなタイプか（第2章に詳述する「孤立」群、「受動」群、「積極・奇異」群、「形式ばった大仰な」群）、人との適切な社会的距離を保てるか。
⑧こだわりはあるか、どんなことにこだわるか
⑨パニックはあるか。あるとすればどのようなときに起こるのか。
⑩常同行動はあるか。あるとすればどのような行動をするのか。
⑪視覚や聴覚、触覚等に異常があるか（感ぜられるか）。

⑫落ち着きはどうか、椅子に座っていてもモジモジするようなことが頻発しないか。
⑬突然立ち上がったり、歩きまわったりするか。
⑭忘れ物が多かったり、物をなくすことが多いか。
⑮授業中などに、ボーっとして「心ここにあらず」という状態はないか。
⑯体や衣服が清潔か、垢がたまっていたり、衣服がきちんと洗濯されているか。
⑰体にあざや傷はないか。外から見える所だけでなく衣服でおおわれている部分もどうか。

■一人では無理――チームでの把握を！

教室の中で何となく違う、指導が難しいというような子どもたちの教育ニーズを、担任一人で把握するのは困難なことです。記録をとるにしても、担任の目に触れない場面の行動が、実は重要なカギを握っている場合が多いのです。

従来から、わが国の小学校などでは、「担任する子どものことについて誰かに相談するのは恥ずかしいことだ、自分自身の力を疑われる」等と考え、誰にも相談せず一人で問題を抱え込み、結果的に指導がうまくいかなくなったという事例が数多く見られます。しかし、こうした子どもたちの指導には、担任の教員に加え、学校内はもちろんのこと学校外の力を必要としている場合が多いのです。そのため、一人で抱え込まずにチームでの対応が必要となります。特別支援教育は、指導の難しい子どもたちへの支援であると同時に、そうした子どもたちを直接指導する教員への支援であるとも考えるべきなのです。

第7章に詳述しますが、制度化された特別支援教育では、「特別支援教育コーディネーター」の指名や「特別支援教育のための校内委員会」の設置が義務付けられています。何か違うと感じられる子どもが学級にいたら、まず管理職に報告するとともに、「特別支援教育コーディネーター」に相談し、記録や資料収集の段階から校内でチームを作り、複数の目でその子どもを観察する必要があります。

チームのメンバーは「校内委員会」のメンバーと重なるかもしれませんが、その子どもに触れることの多い教職員が中心となります。「特別支援教育コーディネーター」はもちろんのこと、同じ学年の教員、養護教諭、必要によっては事務職員や用務職員、その子どもの行動場所によっては給食調理員に入ってもらうことも必要かもしれません。学校を担当するスクールカウンセラーに入ってもらうことも必要です。ある時期からは保護者の参加も考えるべきだと思います。要は、学校全体を含め、その子を取り巻く大人全員で、その子どものことを考えるのです。会議の場だけではなく、何か特徴的なことがあったらすぐに担任に報告してもらうシステムを作っておくことも必要です。また、チームでの連絡会議等では、職種に関係なく対等に話し合うという原則を忘れてはいけません。わが国では、話し合いの場面で地位などによって発言しにくかったり、地位が高かったり専門職といわれている者の発言に左右されることがまま見受けられますが、そうしたことでは、子どもが必要とする教育ニーズを把握できません。

■保護者との協働を！

教室の中での指導が難しい子どもたちの多くは、家庭と教室とでは行動が異なる場合が多く、必ずしも保護者が問題意識を抱えているとは限りません。また、知的にさほど問題のない場合には、保護者自身にもこうした障害についての知識がなく、家庭での問題行動は学校での指導のまずさから生じていると考えていることが多いのも事実です。一方で、家庭での行動から問題意識をもっているものの、どこに相談してよいかわからずに困惑している保護者も数多くいます。また、わが子の障害とその行動特徴等を担任に伝えても、担任が勉強不足で理解できなかったり、そうした行動は家庭での甘やかしが原因などといった的外れの対応をしたりしたことから学校に対して不信感をもつ保護者も少なくありません。このような学校と保護者との関係では、この子たちの指導はままなりません。

保護者と協働するために、教員はまず、保護者に子どもの学校での姿を正確に伝えることから始めましょう。その際の保護者への対応は、できるだけ管理職等に立ち会ってもらった方がよいのですが、威圧感を与えるようであってはなりません。保護者は学校に呼ばれたというだけで緊張と警戒感をもって来校しています。ですから、座り方も、机をはさんで対面型に座るのではなく、机の角を使った座り方をするなど、威圧感を与えずに話し合える雰囲気作りも大切です。小さなことのようですが、こうしたちょっとした配慮が保護者との協働の入り口となります。また、問題行動の原因が家庭にあるのではないかといった考えをもって話し合いに臨んでは、うまくいきません。要は、引き続き現在の学級の中で指導を行いたいという考えを前面に出し、保護者に安心感を与えることが大切です。その子の学校での様子を淡々と話し、今まで行ってきた問題行動に対する対応と子どもの反応を伝え、学校として指導に行き詰っていること、チームを作りその問題行動の原因を考えて学校全体で対応策を考えていること、さらに保護者にもぜひ協力していただき一緒に指導したい、と冷静に伝えることが大切です。

その上で、家庭での様子を聞きます。学校と家庭での様子が同じことはむしろ少ないですから、いちいち反論などせず、違っているところを中心に記録していくことが大切です。さらに、保護者として何が必要と考えているのかも聞きましょう。教育ニーズの把握には保護者の要望も大切な要素の一つです。

■専門家との連携を！

保護者からの情報収集や正確な記録をもとに、チームで問題行動の原因や対応策を検討するためには、こうした記録を整理した上で専門家の意見を求めることも、教育ニーズの把握に必要なことです。

ここでいう専門家とはどのような人なのでしょうか。対象となる子どものとる行動によって様々な人が考えられますが、まずは、都道府県や市区町村の教育委員会が設置する教育センター等に相談してみましょう。教育委員会の設置する相談窓口には、その子どもに合った教育指導を推し進めるために、子どもたちの様々な難しい行動をきちんととらえ、担任の教員を支援しようと考えている専門の相談員がいるはずです。また、子どもの行動によっては専門医等も紹介してくれるはずです。しかし、残念ながらきちんとした対応のできる相談窓口はまだまだ少ないのが現状です。もう一つの相談窓口は、最寄りの特別支援学校（従来の盲・聾・養護学校）です。地域の特別支援教育のセンターとして、その子どもの教育ニーズの把握への支援や専門医の紹介、指導上の相談に乗ってくれるはずです。

なお、ここでいう専門医とは「小児精神科」あるいは「児童青年精神科」を標榜する医師ですが、残念ながら数が著しく少なく、初診まで申し込んでから数カ月から数年かかるという状況であり、なかなか連携しにくいことも承知しておくことが必要です。

こうした専門家との連携から、例えば発達障害が疑われれば、それに見合った指導をしていくなど、その子どもの教育ニーズを把握し、決定していく必要があります。

《文献》

※1　文部科学省初等中等教育局長通知「特別支援教育の推進について」（平成十九年四月一日文科初第一二五号）：巻末資料参照
※2　神奈川県これからの支援教育在り方研究協議会「これからの支援教育の在り方」（平成十四年三月　神奈川県教育委員会）
※3　内山登紀夫・水野薫・吉田友子編『高機能自閉症・アスペルガー症候群入門―正しい理解と対応のために』（二〇〇二年　中央法規出版）

2 特別支援教育のために教員は何を学べばよいのか？

特別支援教育の対象児である学習障害児、注意欠陥多動性障害児、高機能自閉症児、アスペルガー障害児などは、近似ではあるものの、医学的にはそれぞれ診断基準の異なる障害のある子どもたちです。教室の中に指導の難しい子どもが複数いた場合、例えば一人は高機能自閉症児でもう一人は注意欠陥多動性障害児など、障害が異なることが十分考えられます。

それでは教員は、学習障害、注意欠陥多動性障害、高機能自閉症、アスペルガー障害などそれぞれの障害特性をすべて学ばなければ、子どもたちへの対応が難しいのでしょうか。次章で詳しく述べますが、高機能自閉症とアスペルガー障害は広い意味で自閉症ととらえてよいでしょう。それでも少なくとも三種の障害について学ばなければならないことになります。もちろん学ぶことができればそれに越したことはありませんが、ただでさえ忙しい学級担任にそれを求めるのは難しいのではないでしょうか。特別支援教育のために何を学べばよいのかを考えていきましょう。

(1)学習障害、注意欠陥多動性障害、自閉症の関係は?

下の図1－1は、三つの障害の関係を示した図で、特別支援教育関係の図書などによく掲載されています。この図には三つの障害が重なった部分や、二つの障害が重なった部分がありま す。三つの障害は独自のものでありながら、三つ、あるいは二つに共通なものがあることを示しています。

しかし、学校教育の現場などで見る限り、それぞれの障害の関係は次の図1－2のようなものであると考えられます。

図 1-1：近似の障害の関係図①

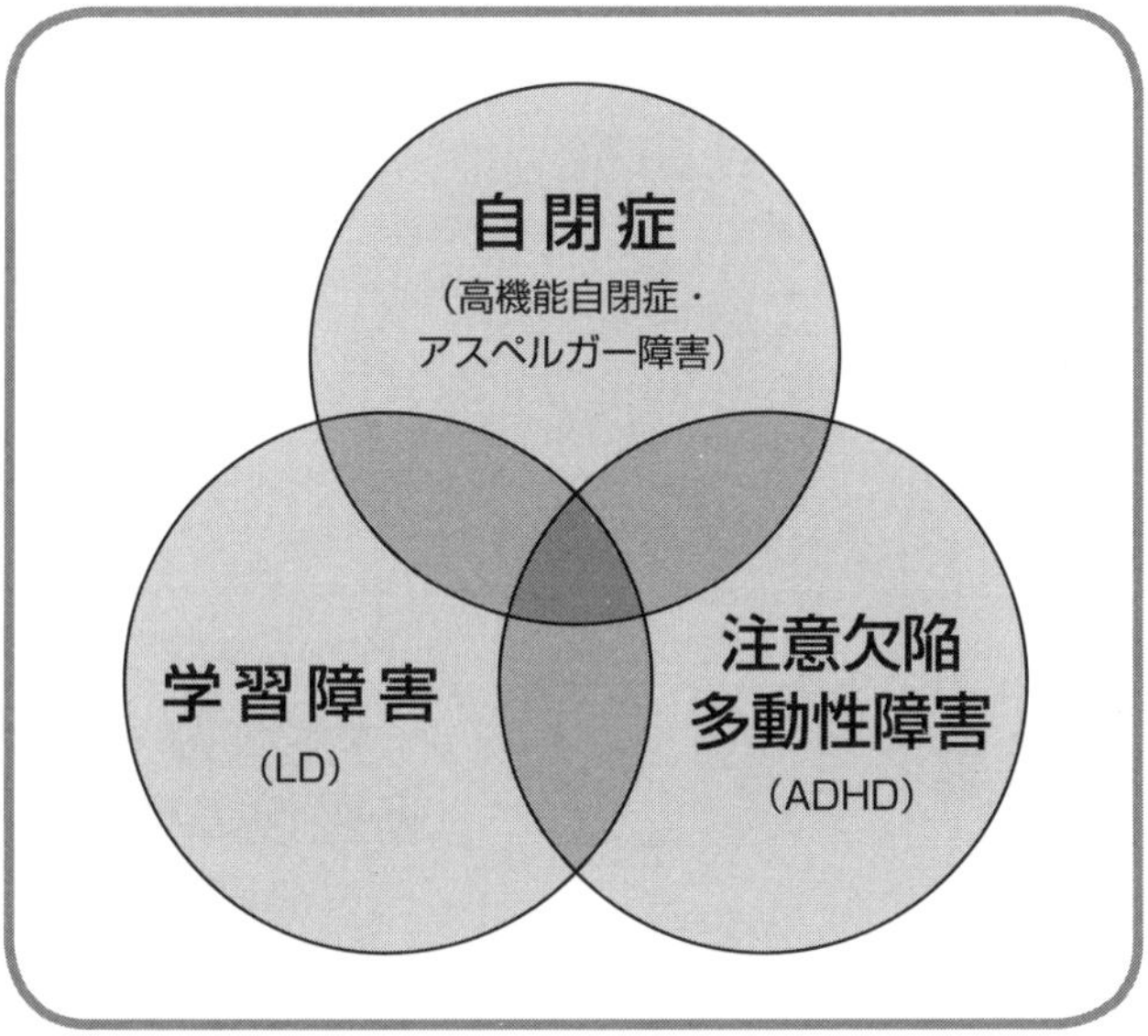

医学や心理学などの立場から厳密に言えば違うのかもしれませんが、教育現場の感覚で言えば、三つの障害の重なる部分が想像以上に大きいのです。別の言い方をすれば、それぞれの障害の単独の障害特性は極めて小さいように思われます。

このようにとらえると、まず図1－2に示された中央の共通の部分を学べば三つの障害のかなりの部分を知ることができ、教室の中にそれぞれ異なる障害のある子どもたちがいても、相当多くの部分への対応が可能になります。

図 1-2：近似の障害の関係図②

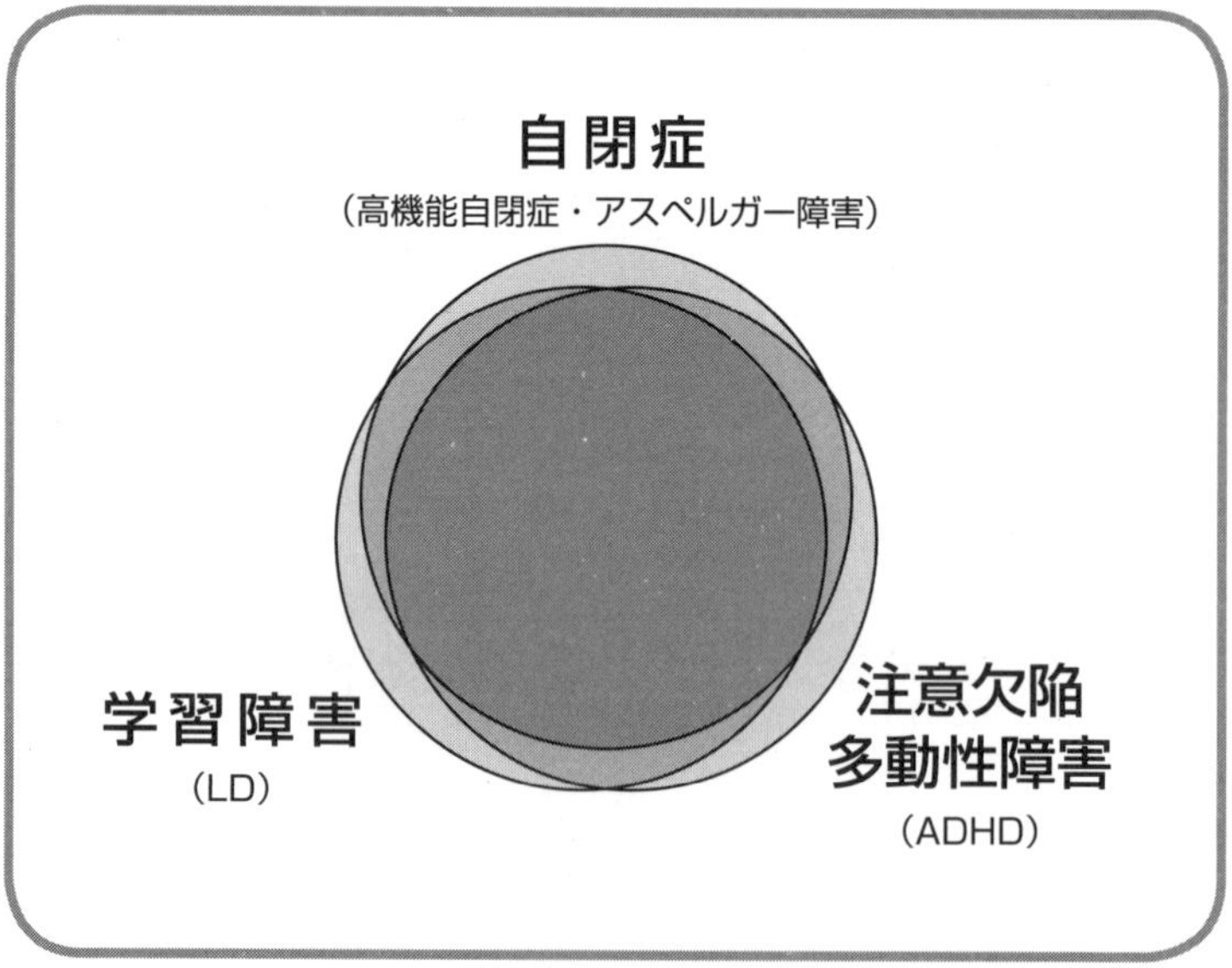

（2）自閉症の特性から学び始める！

特別支援教育は、学習障害児への対応を求める親の会の動きから始まりました。その一九八〇年代後半には、それぞれの学校でも、今までの指導技術や考え方では対応の難しい子どもたちの出現に困惑し、指導法の模索を始めます。そして、それが親の会の運動とも重なり、こうした子どもたちはすべて「学習障害児」と呼ばれるようになりました。しかし、通常の学級の教員が困っていたのは、学習自体の問題ではなく対人関係を中心とした多動や集中困難、衝動性など行動上の問題でした。このことは現在も変わってはいませんが、この時点では、高機能自閉症や注意欠陥多動性障害の考え方がまだ明確になっていなかったのです。

こうした行動上の問題こそ図１－２に示された中央の大きな重なりの部分なのです。次章で詳しく述べますが、こうした行動上の問題は、学習障害に付随する障害や注意欠陥多動性障害の障害特性と考えるよりも、自閉症を中心とした広汎性発達障害そのものの障害特性であり、学習上の問題の多くは広汎性発達障害に付随する障害であるとする見方が、その後の数多くの診断事例から明らかになってきています。

学習障害や注意欠陥多動性障害は、それぞれ独自の診断基準をもっている障害であることは前述のとおりですが、学校教育の現場では自閉症の行動特徴等を知ることにより、それぞれの障害が理解しやすく、またその対応がしやすくなります。もちろん高機能自閉症やアスペルガー障害の子どもたちを考えるベースになるのも自閉症です。そこで、まずは自閉症の障害特性から学び始め、その上でそれぞれの障害の単独の部分の特性などを押さえていけば、特別支援教育の対象児への理解を進めることができるようになります。

3 特別支援教育とは足もとを見つめなおすこと

特別支援教育とは、特別支援学校で学ぶ重い障害のある子どもたちから、小学校等の通常の学級に在籍して知的には全く問題ないものの対人関係などの行動に課題を抱える軽度の発達障害児までの、いわゆる「障害児」を支援するための教育とされています。そうした意味では、従来の「特殊教育」の延長線上に位置している教育といえます。ただし、重い障害児であっても、この障害名ならこの教育、というような画一的な教育対応ではなく、一人ひとりの教育ニーズに応じた教育にしていくことは極めて大切です。

では、小学校等の通常の学級に在籍する比較的障害の程度が軽い子どもたちに対する教育はどうなのでしょうか。もちろん、その子どもの障害特性や教育ニーズに合わせた指導が必要なことは言を待ちません。しかし、これを実行していくためには、今まで自分たちが行ってきた教育活動そのものを見直さなければならないことが多いのです。別な視点から言えば、障害のある子どもの指導がきちんとできると、学級の中の他の子どもたちの指導も、一人ひとりの特性に合わせた指導になりうるということでもあります。まずは、自分たち自身の足もとを見つめなおすことから始めましょう。

（1）学級全体の子どもが見えているか？

小学校等の通常の学級に学習障害児や注意欠陥多動性障害児、高機能自閉症児などと呼ばれる、あるいはそれが疑われる子どもたちがいる場合には、その子どもの実態を把握し、教育ニーズをつかんだ上で指導することが大切なことは前述のとおりです。しかし、これを実行するに当たって、まずやらなくてはならないこと、できていなくてはならないことがあります。それは、担任教員が、いわゆる障害のある子どもだけではなく、自分の学級の子どもたち一人ひとりに対しても、その子どもの教育ニーズをつかんでいるか、あるいはつかむための努力をしてきたか、ということです。こうした視点をもつ教員は、当然、学級運営にしても授業の指導にしても、学級の子どもたちに合わせて柔軟な対応をしているはずです。この視点のもてない教員は、自分自身のもつ経験や知識だけをもとにして、子どもたち不在の学級運営や授業指導をしがちになります。子ども自身を受け止めることができずに、自分だけが前面に立ってしまうのです。これでは、障害の疑われる子どもたちに対しても実態把握はできませんし、指導もできなくなってしまいます。

また、子どもをいったん受け止めた上で、次の指導を考える余裕こそが、障害の疑われる子どもたちの指導には不可欠です。この余裕があれば、授業中でも休憩時間でも、子どもたちに対する声かけの仕方や内容も変わってくるはずです。この余裕をもった声かけや対応は、障害の疑われる子どもたちだけでなく、学級の子どもたち全員にとっても大切なことです。

(2) 授業を子どもに合わせて工夫しているか?

第2章以下で詳述しますが、通常の学級に在籍する高機能自閉症児などの障害児や障害の疑われる子どもたちは、仮に知的に高い子どもであっても、物事をいくつも同時に理解することや処理することが難しかったり、一つの言葉にこだわったり、視覚認知に問題があったりと、学習を進めていく上で様々な課題を抱えていることが多いのです。こうしたことは程度の差こそあれ、障害はないものの理解の遅い子どもたちにも当てはまります。

子どもたちの実態把握ができ、一人ひとりの教育ニーズがつかめれば、授業そのものもおのずと変わってくるはずです。もちろん各学年に応じて教えなければならないことは決まっています。しかし、その学習目標を達成するための指導法は様々であってよいはずです。学級の子どもたちに合わせた指導をするための工夫が必要となるのです。

教科書に書かれた方法や手順のままに指導して学級の子どもたち全員が理解できるの

か、目標達成のために他の方法や手順がないのかを考え、工夫し、実行している教員であれば、学級全体を見渡した上で、子どもの障害特性に合わせた指導も可能です。教員自身が今まで行ってきたやり方にこだわらずに、子どもたちの教育ニーズに合わせて授業そのものを柔軟に組み立てなおしていくことが求められているのです。それは結果的に学級のすべての子どもたちの学習指導も着実に進めることにつながります。障害の疑われる子どもたちが理解しやすい学習指導は、他の子どもたちにとっても理解しやすいからです。

(3) 子どもたちのことを話せる雰囲気があるか?

教室の中で指導の難しい子どもたちへの指導を、担任教員が一人で抱え込み行っていくのには無理があることは前述したとおりです。こうした子どもたちへの指導は、学校全体でその子どものことを理解し合い、同じスタンスに立って行うとともに、実際に指導に当たる教員への支援ができなくてはうまくいきません。そのための第一歩は、普段から、同じ学年の教員とはもちろんのこと、学校全体で気軽に子どもたちのことを話せる雰囲気をつくることです。子どもたちのことを話し合うための会議がシステム化されていればよいのですが、その前に、職員室等でお茶を飲みながらでも気楽に子どもたちのことを話せる雰囲気こそが大切なのです。子どもたちへの指導の難しさを話すと、その教員の力量不足がささやかれるような学校では、特別支援教育はうまくいきません。

このような学校の雰囲気作りには、校長、教頭（副校長）等の管理職の役割が大切です。管理職の仕事は、その職務上から教職員と対立せざるを得ないことも多いのですが、それはそれ、これはこれです。日常的には管理職である前に教育職として積極的に子どもたちにかかわり、教員たちと気楽に子どもたちのことを話し合う管理職であれば、学校の雰囲気は格段に上がります。

第2章

自閉症
（高機能自閉症・アスペルガー障害）

1 広汎性発達障害

現在、精神医学の分野で国際的に活用されている診断基準であるアメリカ精神医学会作成の「診断と統計のためのマニュアル」第四版・新訂版（DSM－Ⅳ－TR）には、「広汎性発達障害」というカテゴリーが設けられています。「広汎性発達障害」は、①対人的相互反応（社会性）の障害、②コミュニケーションの障害、③限定的で反復的、常同的な行動・興味・活動の三つの領域に障害があることが特徴です。これら三つの領域の基準を満たす障害として「自閉性障害」が掲げられ、さらに三つの領域すべての基準は満たさないものの類似の障害として「アスペルガー障害」などが挙げられています。

「自閉性障害」は、DSM－Ⅳ－TRと同様に精神医学分野の国際的な診断基準であるWHOの「国際疾病分類」第十版（ICD－10）では「小児自閉症」とされています。いわゆる自閉症のことです。それではDSM－Ⅳ－TRの「自閉性障害」の診断基準を見てみましょう。

広汎性発達障害（Pervasive Developmental Disorders）

●自閉性障害（Autistic Disorder）

A．（1）、（2）、（3）から合計六つ（またはそれ以上）、うち少なくとも（1）から二つ、（2）と（3）から一つずつの項目を含む。

（1）対人的相互反応における質的な障害で以下の少なくとも二つによって明らかになる。

（a）目と目で見つめ合う、顔の表情、体の姿勢、身振りなど、対人的相互反応を調節する多彩な非言語的行動の使用の著明な障害

（b）発達の水準に相応した仲間関係を作ることの失敗

（c）楽しみ、興味、達成感を他人と分かち合うことを自発的に求めることの欠如（例：興味のあるものを見せる、持ってくる、指差すことの欠如）

（d）対人的または情緒的相互性の欠如

（2）以下のうち少なくとも一つによって示されるコミュニケーションの質的な障害：

（a）話し言葉の発達の遅れまたは完全な欠如（身振りや物まねのような代わりのコミュニケーションの仕方により補おうという努力を伴わない）

（b）十分会話のある者では、他人と会話を開始し継続する能力の著明な障害

（c）常同的で反復的な言語の使用または独特な言語

（d）発達水準に相応した、変化に富んだ自発的なごっこ遊びや社会性をもった物まね遊びの欠如

(3) 行動、興味、および活動の限定された反復的で常同的な様式で、以下の少なくとも一つによって明らかになる。

(a) 強度または対象において異常なほど、常同的で限定された型の一つまたはいくつかの興味だけに熱中すること

(b) 特定の機能的でない習慣や儀式にかたくなにこだわるのが明らかである

(c) 常同的で反復的な衒奇的運動

(例：手や指をパタパタさせたりねじ曲げる、または複雑な全身の動き)

(d) 物体の一部に持続的に熱中する

B. 三歳以前に始まる、以下の領域の少なくとも一つにおける機能的な遅れまたは異常：(1) 対人的相互反応、(2) 対人的コミュニケーションに用いられる言語または (3) 象徴的または想像的遊び

C. この障害はレット障害または小児期崩壊性障害ではうまく説明されない。

この自閉性障害の診断基準には、知的な遅れなど知的発達の程度は含まれていないことに気付かれたと思います。自閉性障害には、表出言語がなく重い知的障害を伴うような者から、知的には全く問題のない者までが含まれているのです。このうち、ＩＱが七十以上の者を「高機能自閉症」と呼んでいます。「高機能」とは知的な遅れがないという意味であって、自閉性が軽いということを意味するものではありません。青年期になり「就労」という場面などでは、知的に遅れのある自閉症青年より高機能自閉症の青年の方が、その自閉

性から就労現場への適応が難しく、雇用されないことが多いという現実もあります。

次に、同じ「広汎性発達障害」の一つとしてDSM-Ⅳ-TRに示されている「アスペルガー障害」について、DSM-Ⅳ-TRの診断基準を見てみましょう。

広汎性発達障害（Pervasive Developmental Disorders）

●アスペルガー障害（Aspergers Disorder）

A．以下のうち少なくとも二つにより示される対人的相互反応の質的な障害

（1）目と目で見つめ合う、顔の表情、体の姿勢、身振りなど、対人的相互反応を調節する多彩な非言語的行動の使用の著明な障害

（2）発達の水準に相応した仲間関係を作ることの失敗

（3）楽しみ、興味、達成感を他人と分かち合うことを自発的に求めることの欠如（例：興味のあるものを見せる、持ってくる、指差すことの欠如）

（4）対人的または情緒的相互性の欠如

B．行動、興味および活動の、限定的、反復的、常同的な様式で、以下の少なくとも一つによって明らかになる。

（1）その強度または対象において異常なほど、常同的で限定された型の一つまたはいくつかの興味だけに熱中すること

（2）特定の、機能的でない習慣や儀式にかたくなにこだわるのが明らかである
（3）常同的で反復的な衒奇的運動
（例：手や指をパタパタさせたりねじ曲げる、または複雑な全身の動き）
（4）物体の一部に持続的に熱中する

C．その障害は社会的、職業的、または他の重要な領域における機能の臨床的に著しい障害を引き起こしている。
D．臨床的に著しい言語の遅れがない。
（例：二歳までに単語を用い、三歳までにコミュニケーション的な句を用いる）。
E．認知の発達、年齢に相応した自己管理能力、（対人関係以外の）適応行動、および小児期における環境への好奇心について臨床的に明らかな遅れがない。
F．他の特定の広汎性発達障害または統合失調症の基準を満たさない。

このアスペルガー障害の診断基準と、先に掲げた自閉性障害の診断基準を見比べてみてください。アスペルガー障害のAとBの項目は、自閉性障害のAの（1）と（3）の項目と全く同じです。診断基準で見る限り、アスペルガー障害は高機能自閉症のうちコミュニケーション能力には問題のない障害ということができ、自閉性障害の連続的な流れの一部に位置付いているともいえるでしょう。

ローナ・ウィング（Lorna Wing）は、こうした自閉性障害とアスペルガー障害、さらに「特定不能の広汎性発達障害（非定型自閉症を含む）」を含めた連続的な流れを、連続

体という意味のスペクトラム（spectrum）を使い「自閉症スペクトラム」[※1]と名付けています。こうした考え方は、例えば一人の子どもに対し、独立した診断名である「自閉性障害」や「アスペルガー障害」を付けるのではなく、実態に合わせた診断から治療・教育を行うことの必要性を示しています。

また、小児精神科医の中には、独立した診断基準をもっている自閉性障害の一部である「高機能自閉症」も「アスペルガー障害」も、臨床的には差異がないとして、この二つを合わせた障害名として「高機能広汎性発達障害」を使用する人たちもいます。この場合も、個々の診断名よりも、実態に合わせた一人ひとりのニーズに応じた治療・教育を優先させるという考え方に立っています。

学校教育では「診断」を行うわけではなく、まさに目の前の子どもの教育ニーズに応じた教育指導を展開していくわけですから、教育ニーズの把握のための大きな参考にはしますが、同じような障害特性をもち課題を有する子どもたちを診断名で判断する必要はありません。そこで本書でも、特に区分の必要な場合を除き、「高機能自閉症」と「アスペルガー障害」を「高機能広汎性発達障害」とまとめて扱っていくことにします。

《文献》

※1　Lorna Wing　*"The Autistic spectrum. A guide for parents and professionals"*（一九九七年）邦訳は、久保紘章他監訳『自閉症スペクトル―親と専門家のためのガイドブック』（一九九八年　東京書籍）

2 自閉症とは

第1章で述べたように、学習障害や注意欠陥多動性障害はそれぞれ独自の診断基準をもっている障害ですが、学校教育の現場では自閉症の行動特徴等を知ることにより、それぞれの障害が理解しやすく、またその対応がしやすくなります。もちろん高機能自閉症やアスペルガー障害の子どもたちを考えるベースになるのも自閉症です。まず、自閉症とはどのような障害なのかを考えていくことにしましょう

(1) 自閉症研究の歴史

一九四三年、米国の小児精神科医レオ・カナー（Leo Kanner）が『情緒的接触の自閉的病質（Autistic Disturbance of Affective Contact）』と題した論文の中で十一の症例を発表し、翌年これらの症状をもつ子どもたちを「早期幼児自閉症（early infantile autism)」と名付けました。一方、一九四四年、オーストリアの小児科医ハンス・アスペルガー(Hans Asperger)は『子ども〝自閉的精神病質〟(Die "Autistischen Psychopathen")』と題した論文で、自閉的病質と名付けた一群の子どもたちを報告しました。

両者の示した子どもたちは、例えば言語面では、カナーは「言語障害」に着目して反響言語(オーム返し)や人称の逆転などを最初に記載し、アスペルガーは造語や大人のような言葉づかいを記載するなど両者で違いがあるものの、全体としては多くの共通点がありました。両者の論文は第二次世界大戦中に発表されたため、ドイツ語で書かれていたアスペルガーの論文はドイツ語圏や、医療用語がドイツ語中心であった当時の日本を除いて忘れ去られ、カナーの「早期幼児自閉症」が自閉症研究の中心となっていきました。

しかし、ローナ・ウィング(Lorna Wing)は、ロンドン郊外の一地区で実施した調査の結果、アスペルガーの論文に記載された子どもたちに酷似している子どもたちがいることに気付きました。そして一九八一年、ウィングは自らの論文[※1]の中で、自身が経験した症例の検討を加えてアスペルガーの論文を紹介し、国際的に脚光を浴びることになりました。

わが国では、一九五二年の第四九回日本精神神経学会で、名古屋大学医学部精神科の鷲見たえ子が「レオ・カナーのいわゆる早期幼児自閉症の症例」と題した発表を行い、その中でわが国で初めての自閉症の症例の報告を行っています。

一九五六年に、カナーはアイゼンバーグ(Eisenberg, L.)とともに、『早期幼児自閉症

1943-1955』と題する論文※2で、自閉症の診断基準として次の五つの項目を挙げました。

①他者との情緒的接触の重篤な欠如
②物事をいつも同じようにしておこうとする強い欲求
③物に対する強い関心、物の扱いの器用さ
④表出言語がない、またあったとしてもオウム返しや独特の言語の創作、コミュニケーションとしては役に立たない言語の使い方
⑤知的な容貌、カレンダーの記憶計算など特定の領域での優秀な能力

こうした診断基準などをもとにしながら、自閉症については様々な研究がなされていきますが、当初はその原因として保護者の養育の拙さが挙げられ養育の仕方によっては完治する「情緒障害」とみられていました。このため、筆者が初めて自閉症児と出会った一九七五年頃には、わが子が「自閉症」と診断された保護者は、わが子の障害は治るものとして安心していたものでした。

その後、自閉症の原因は保護者の養育ではなく脳の損傷によるものとされ現在に至っていますが、膨大な研究がなされた今日に至ってもなおその原因は究明されておらず、従ってその治療についても確たるものは何もないという状態が続いています。

(2) 自閉症の三つの基本的な症状（ウィングの三つ組の障害）

自閉症は、①社会性の障害、②コミュニケーションの障害、③想像力の障害とそれに基づく「こだわり行動」と呼ばれる行動上の障害、この三つの基本症状をもっています。この三つの症状については、ローナ・ウィングが整理しまとめたことから「ウィングの三つ組の障害」と呼ばれることがあります。

この三つの基本症状について、高機能広汎性発達障害者であり翻訳者であるニキ・リンコは「自閉症者は視野が狭い上に情報の入力が少なくさらに閉じた情報の環っかの中で生きていることの方が課題であって、社会性やコミュニケーションの障害は定型発達（ニキらは広汎性発達障害者以外の人の発達をこう呼ぶ）の人からの視点である」と指摘[※3]しています。

ニキのこうした指摘も頭に入れながら、それぞれの症状を考えていくことにしますが、例えば「（自閉症における）社会性の障害」というように、三つの障害のそれぞれが自閉症独特の型をもつものであるということをまず押さえておくことが必要です。

■社会性の障害

社会性の障害とは、ＤＳＭ－Ⅳ－ＴＲの診断基準にある「対人的相互反応における質的な障害」のことで、他の人との交流がうまくいかない障害です。他の人とは自分以外の人であり、発達の段階により他の人には家族も含まれます。

人は、生まれながらに人の声や人の顔に反応するための鋳型が組み込まれており、生後四～五日には、母親の匂いがわかり母親の方に顔をうずめるなどの行動をとります。また、この頃の赤ちゃんの目の焦点は十八～二十二センチであり、この距離は母乳を与えているときの母親の目と赤ちゃんの目の距離に一致するのです。また、抱かれるときには体を丸め、抱かれやすい姿勢を自然にとるなど、生まれた直後の様々な行動があらかじめ母親のお腹の中でかたちづくられた上で、赤ちゃんは生まれてきます。赤ちゃんのこうした行動等により母親の母性が引き出され、母親との間に愛着行動が形成されていきます。[※4]

しかし、自閉症児をもつ母親に新生児の頃のことを聞くと、大部分の母親が「目が合わなかった気がする」、「抱こうとするとそっくり返ってしまい抱きにくかった」と答えます。自閉症の発症は三歳以前と診断基準では定められており、他の基本症状であるコミュニケーションの障害の様子などにより、ほぼ二歳前後で診断されることが多いのですが、生まれた直後から人との交流がうまくいかないことがわかります。

また、一歳頃になると欲しい物を指差しするようになりますが、一歳を過ぎても指差しをせず、近くにいる人の手首を握って欲しい物の方に向かい取らせようとします。そして欲しい物を手に入れれば取ってくれた人は関係なしという態度をとります。こうした行動を「クレーンハンド行動」と呼びますが、近くにいた人を「人」とはとらえずに単なる「道具」ととらえた行動であり、こうしたことも社会性の障害の一つであるといえます。

年齢が進んでも、例えば、他の人と目と目を合わせて会話したり、うれしいときにうれしい表情や態度をしたりすることができません。また、順番を守る等のルールが守れなかったり、同年齢の人と遊んだりすることがうまくできません。こうしたこともやはり社会性の障害です。

さらに、筆者の体験では、自閉症の男子の多くが、図2－

図 2-1：自閉症の男子の多くが憧れる女性のタイプ

1に示すかつての少女漫画のヒロインのような、目が大きくストレートのロングヘアーで顎のとがり気味のきれいな女性に憧れをもっています。特別支援学校の高等部段階の男子生徒などに時々見られますが、通学途中の電車の中などでそうした女性を見かけると、躊躇なく一目散にその女性のそばに行き、髪の毛をなで、本人にはその気は全くないのですが痴漢に間違えられることがあります。こうした行動も、後述する想像力の障害とも関係しますが、社会性の障害の一つと考えられます。要は、社会生活の中での「暗黙のルール」ということがわからないのです。

▼ウィングによる社会性の障害の四分類

ローナ・ウィングは、社会性の障害を四つに分類して説明をしています。※5 その分類と説明を見てみましょう。自閉症を考える上で基本的な事項でもあるので、少し詳しく触れてみます。

①「孤立」群

小さな子どもに一番多く見られるタイプの社会性の障害で、成長するにつれ変化していくこともありますが、生涯続くこともあります。

呼ばれても来なかったり、話しかけても答えないなど、まるで他人が存在しないかのように振る舞います。顔に表情がなく、時たま人を横目でチラッと見るだけでこちらを見ぬふりをするか見過ごします。触ると身を引き、抱きしめてもこちらに手をまわしてはきません。前述のクレーンハンドのような行動もあります。また、目の前で誰かが痛がったり苦しんだりしていても、興味を示したり同情したりする様子は見られません。自分自身の世界の中にとどまって、他の人から見ると動きの意味がわからない独特の活動にすっかり夢中になっていることが多いのです。しかし、くすぐられたり、床の上で転がされたりする荒っぽい身体遊びには大きく反応し、大喜びで笑ったりうれしそうにし、もっとしろというように目で意思表示することもあります。しかし、遊んでくれている人に興味があるわけではなく、その遊びが終わればもとの自分自身の世界に戻ってしまいます。

小児期には、同級生などに無関心だったり、逆に警戒したりします。兄弟を受け入れるようになっても家族以外の人とは協力的なやり取りはありません。大人になっても孤立している人は、同僚に全く関心がありません。何かが欲しいときだけ係の人のところに行きます。

②「受動」群

社会性の障害の中では最も数が少ないグループです。他から全く孤立しているわけではなく、人との接触を受け入れ他人を避けようとはしませんが、自分から人との交わりを始めようとはしません。視線についても、そうすべきことを思い出しさえすれば視線を合わせていられます。

小児期には従順で、言われたことに従うので、他の子どもも喜んで仲間に入れてくれますが、年齢が増すにつれ相手にされなくなってしまいます。一般にこのグループの人たちは問題行動が少ないのですが、青年期になって際立った変化が起こり、行動に異常が現れる人もいます。

③「積極・奇異」群

このグループの子どもや大人は、他人に活発に近づこうとします。とりわけ何かを要求するときや自分の関心事を独特の一方通行で延々と述べるときに他の人に活発に近づこうとします。

初めて会った人にも、「お名前は?」「いつ生まれたの?」「住所はどこ?」などところ構わず、相手を選ばず、独特の口調で、唐突に延々と質問し続ける人がいます。また、電車の中で、車掌さんよりも上手に車内放送のまねを延々とし続ける人がいますが、彼らもこのグループに入ります。それにしても彼らの車内放送は実に見事で、日常的に車掌さんがする車内放送に加えて、その鉄道会社が主催するこれからの行事予定や沿線ガイドまでをもうまく織り交ぜて話し続けるのにいつも感心させられてしまうのは私だけでしょうか。

しかし、彼らは、話し相手の感情やニーズに全く注意を払うことはしません。また、いつ相手と目をそらせればいいのかというタイミングがとりにくく、アイコンタクトが長すぎたりします。さらに、相手の手を握ったり抱きしめたりすることもありますが、びっくりするほど強く握られたりすることがあります。加減ということがわかりにくいのです。また、このグループの子どもたちは、自分の思い通りに周りが関心を示さないと、へ理屈と思われるようなことを主張し、相手を攻撃したり、周りにある物を投げ飛ばしたりすることがあります。

このグループの人たちは、人を避けるということがないので、しばしば社会性の障害がないかのように思われがちですが、その対応の異様さは社会性の障害そのものといえるでしょう。

④「形式ばった大仰な」群

このパターンは、青年期後期から成人生活に入るまでは見られません。最も能力が高く良好な言語のレベルの人たち（高機能）に現れます。彼らは過度に礼儀正しく堅苦しく振る舞います。うまく振る舞うために厳格に人付き合いのルールを守ろうとしますが、ルールを本当に理解していないので、その場の雰囲気等に合わせた行動をとることがうまくできません。

ウィングはこの項で次のようなエピソードを示しています。「ある若者は家族に対して、見知らぬ人に対すると同じように馬鹿丁寧でした。それでもガールフレンドが欲しくて、ある雑誌で積極的に主導権を取るようにと書かれた記事を読んでから、見知らぬ女性に近づいて、非常に礼儀正しく『キスしてよいでしょうか』と尋ねました」。

▼ニキ・リンコの俺ルール

三十歳代になってから高機能広汎性発達障害と診断された翻訳家のニキ・リンコは、社会性のルールに関連して、同じように二十歳代前半で高機能広汎性発達障害と診断された藤家寛子との対談集「自閉っ子、こういう風にできてます！」[※3]で次のように述べています。自閉症における社会性の障害を考える上で大いに参考になると思われますので、同書から一部抜粋してみましょう。

要するに、一人ひとりの見ている守備範囲が狭い。自分の担当の範囲はやたら詳しく見ている。担当以外のことは驚くほど見ていない。これが自閉の本質だと思う。非自閉の世界にもいるでしょ。「専門〇〇」とかいうタイプ。それをもっと極端にしただけのことよ。

さて、「見ている範囲が狭い」ということは、裏を返せば、「見のがしてる情報が多い」ってこと。特に、「全体像」とか「構図」とか「主目的」とか「大前提」とか「全体の雰囲気」とか「文脈」とか「TPO」とか「背景情報」とか「暗黙の了解」とか、そういうのがわかりにくい。つまり、視野が広くないとわからない情報が、見のがされやすい。「木を見て森を見ず」ってやつね。「全体の雰囲気」や「背景情報」がわからないととりわけ苦労するのが、人間関係。だから、人間関係の育ちは遅れる人が多いし、好き嫌いはともかく、負担に感じる人が多いのね。

このニキ・リンコの文を読むと、自閉症における「社会性の障害」は、結果的に、非自閉者から見るとそうなっているだけのこと、なのではないかと考えさせられてしまいます。

▼一面的な（主観的な）物の見方

以前、自閉症の青年が自らの幼児期の一日を思い出し、順に描いた絵を見たことがあります。それぞれの絵の下部にはそのときの状況が、例えば「僕は布団の中で寝ていました」「僕はお母さんの後をついてお買い物に行きました」のような短文で示されていました。そのときの絵を思い出して描いてみると、次ページのような絵（図２−２）になります。

この絵と状況説明の短文を見てどのようなことを考えますか。「僕は布団の中で寝ていました」の絵を私たちが描くとするなら、布団の中に寝ている自分自身を描きます。それをよくよく見てみると、その絵はもう一人の自分が自分自身を眺めていることになります。しかし、彼の書いた絵は、布団の中で寝ていた自分自身が見ていた景色、天井の蛍光灯と桟の絵にほかなりません。物の見方が一面的というか、主観的なのです。私たちは、自分自身を第三者的に（客観的に）眺めることができます。だからこそ、他の人との交流ができるのではないでしょうか。一例に過ぎませんが、自閉症の社会性の障害の要因の一つには、このような彼ら自身の物の見方が関係しているように思います。

図 2-2：一面的な物の見方

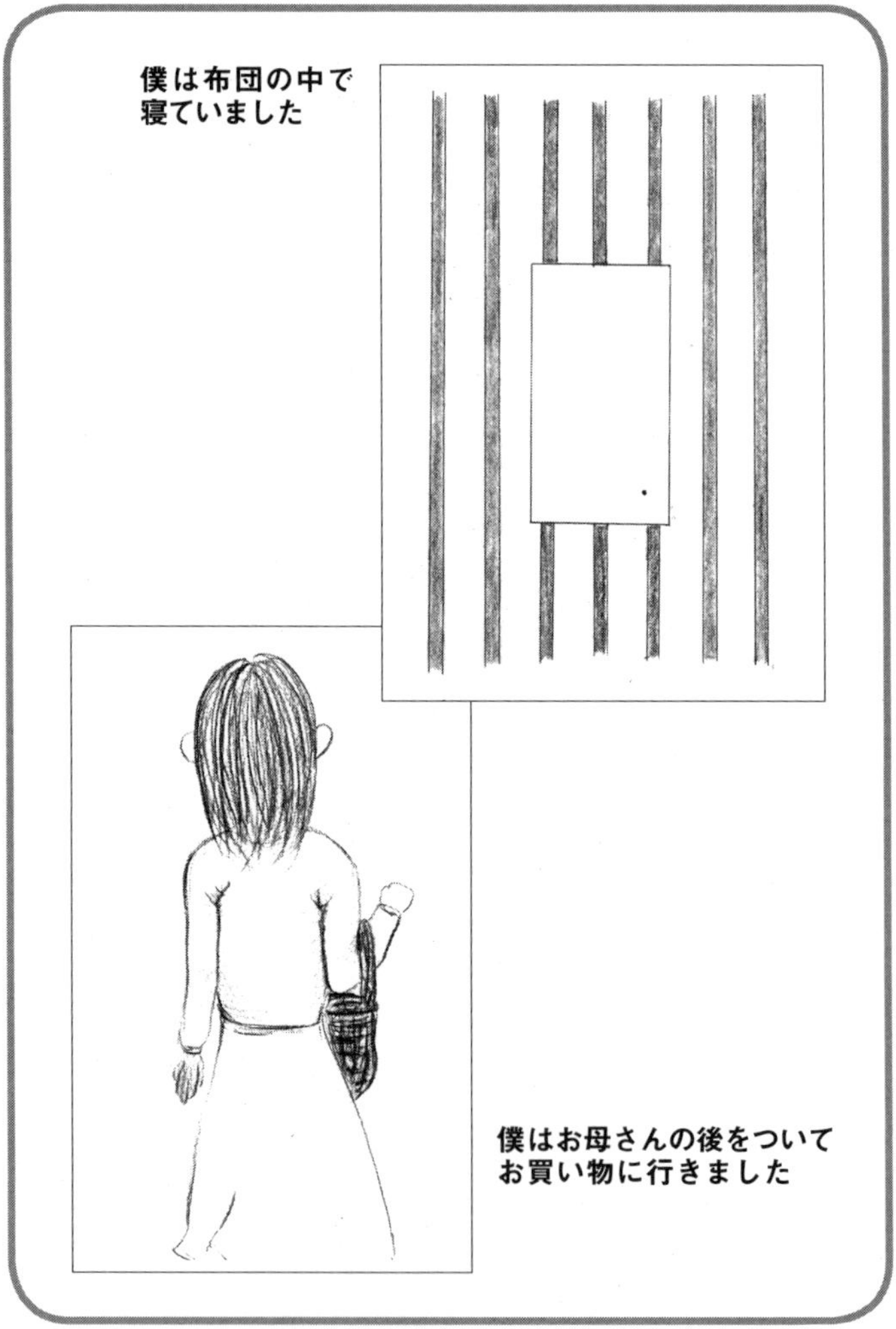
僕は布団の中で
寝ていました
僕はお母さんの後をついて
お買い物に行きました

主観的な物の見方という点から関連した行動に、「逆転バイバイ」と呼ばれる行動があります。私たちが小さな子どもたちにバイバイと言って手を振ると、相手の子どももバイバイと言って手を振ってくれます。比較的障害の重い自閉症児もバイバイをしてくれるようになりますが、そのときの手の振り方が逆なのです。一般的なバイバイの動作は、お互いに手のひらを相手に見せるように行います。しかし彼らのしてくれるバイバイは手のひらが自分自身の方を向いているのです。相手には手の甲を見せることになります。確かに、彼らがはじめにバイバイと言って見せられた動作では、相手の手のひらが見えます。従って、彼らはバイバイとは自分自身に手のひらが見えることだと思い込んだ誤学習をしていると考えられます。コミュニケーションの項で「反響言語（オウム返し）」に触れますが、この動作は「反響動作（動作のオウム返し）」と呼ばれることがあります。こうした行動は、そのたびに教えることと、彼ら自身の発達によって、「普通の」バイバイに治っていきますが、意外に時間がかかります。

▼「心の理論」の障害説

社会性の障害は、自閉症の子どもたちが相手の気持ちを理解することの難しさでもあります。これについて「心の理論」の障害という説があります。自閉症の子どもたちのすべての言動が当てはまるわけではありませんが、多くの行動がこの「心の理論」の障害という説によって理解できるのも事実です。

一九八五年、Baron Cohen らは「自閉症における三つの主な徴候（社会性の障害、コミュニケーションの障害、想像性の障害）は、《心を読む》という人間の基礎的な能力の障害によるものである」とする仮説を発表しました。[※6] これが自閉症の「心の理論」障害説といわれるものです。心の理論とは、一九七八年に Premack と Wodroff が定義したものであり、「心の理論をもつというのは、人の行動を予測し、説明するために自己や他者に独立した心の状態を把握する能力をもつということである」[※7] としています。

Baron Cohen らは、図2－3のような「サリーとアンの課題」を用いてその通過率を調べました。「サリーは箱を持っています。アンは籠を持っています。サリーはボールを自分の箱にしまって散歩に出かけました。アンはボールをサリーの箱から出して自分の籠にしまってしまいました。サリーが帰ってきました。サリーはボールで遊ぼうと思いました。サリーがボールを探すのはどこでしょう」という問題です。サリーはアンが自分のボールを籠に入れてしまったことは知らないのですから、答えは「箱」です。ところが、この調査実験では、四歳の健常児の八十五％、知的障害の重いダウン症児の八十六％が課題を通過したのに対し、自閉症児の八十％がこの課題を通過できませんでした。この結果から、Baron Cohen らは、自閉症者たちは、自分とは異なる他者の心の状態を思い浮かべたり、理解することに困難をもち、そのために社会的対人的な障害が引き起こされているとしました。

高機能広汎性発達障害児は九歳から十歳で、この単純な心の理論課題を通過することが

図 2-3：サリーとアンの課題

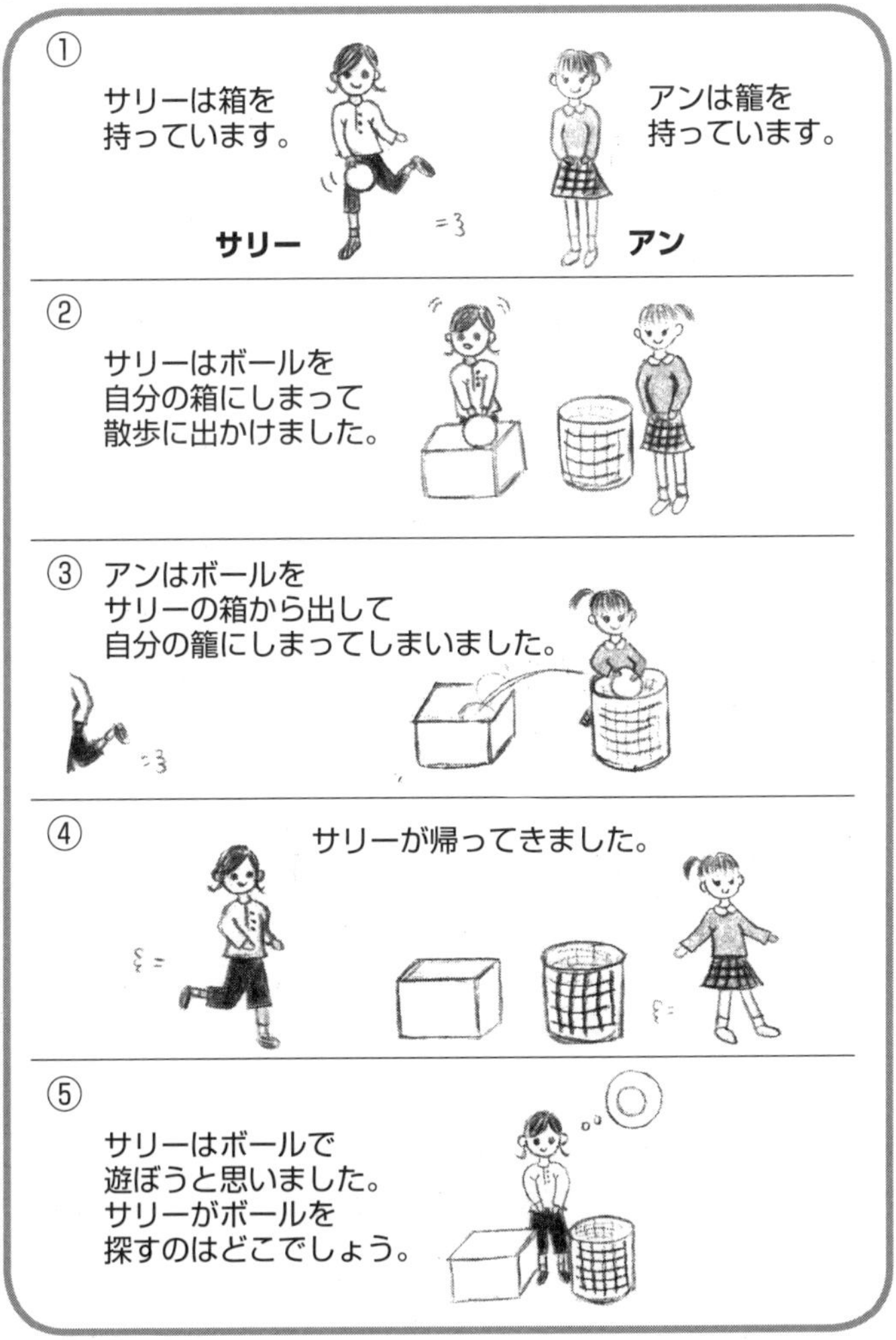
①
サリーは箱を
持っています。
アンは籠を
持っています。
サリー
アン
②
サリーはボールを
自分の箱にしまって
散歩に出かけました。
③ アンはボールを
サリーの箱から出して
自分の籠にしまってしまいました。
④
サリーが帰ってきました。
⑤
サリーはボールで
遊ぼうと思いました。
サリーがボールを
探すのはどこでしょう。

明らかになっていますが、健常児とは脳の異なる部分を用い、異なる戦略を用いて「心の理論」の課題を通過していることが確かめられています。※8 私たちが直観的に速やかに他者の心理を読むのとは違い、この子どもたちは推論を重ねながら苦労して他者の心理を読んでいることになります。

■コミュニケーションの障害

自閉症の二つ目の基本症状は、コミュニケーションの障害です。

自閉症の子どもは、言葉の発達が遅れることがしばしばあります。普通一歳前後で出てくる始語が遅れたり、言葉が出ないということもあります。その一方で、高機能自閉症の場合にはしゃべり過ぎという面も見られ、また、その使い方に問題があることもあります。さらに「目は口ほどに……」に代表されるような、言葉を使わない、あるいは言葉を補助するような身振りや手振りによるコミュニケーションにも問題があることが多いのです。

アスペルガー障害には、先に掲げたDSM－Ⅳ－TRの診断基準ではコミュニケーションの障害についての記載がなく、障害がないように見えます。しかし、話すことはできても、その使い方や相手の言っている言葉の理解に問題が多いことから、自閉症のコミュニケーション障害の一つの型とも考えられます。

コミュニケーションを進めていくには、ただ言葉が話せればよいということではなく、相手についての知識や気持ちへの理解、言葉ではないボディーランゲージへの理解、その場の雰囲気や流れの把握、口に出してよいことやいけないことなどの社会的常識などが必要になります。「社会性の障害」の項で述べたように、こうしたことの多くが、自閉症の子どもたちにとっては苦手なことばかりです。となれば、当然のようにコミュニケーションがスムーズにいかず、生活の中で様々な問題が生じてしまいます。こうしたコミュニケーションの障害をクリアしていくためには、本人たちへの指導はもとより、周囲の者がコミュニケーション障害の生じる様々な要因を理解し、この子どもたちに通じやすい声かけや接し方をしていく必要があります。

▼話し言葉

言葉が出てきても、エコラリア（オウム返し＝反響言語）や、特定のテレビコマーシャルの同じ言葉の繰り返しなどが多く、言葉をコミュニケーション手段として使う段階までいくには、相当の時間を要することが多く見られます。また、かつて聞いたことのある言葉を、相当時間がたった後、場に関係なく言い出すことがあります。これを「遅延のエコラリア」と言います。さらに、例えば「○○ちゃん（自分の名前）、ジュース飲む？」と尻上りのトーンでの質問の形、しかも母親が普段本人に尋ねる声やトーンそっくりな話し方で、要求をすることも多く見られます。これは普段そう聞かれるとジュースが出てくるからであり、「○○ちゃん、ジュース飲む？」＝ジュースが飲める、という誤学習の結果なのです。教室などでは先生に向かって「トイレ行く？」などと質問することがありますが、これはトイレに行きたいという意思表示にほかなりません。

言葉をコミュニケーションの手段として使うようになっても、助詞や接続詞が抜け落ちた使い方から始まることが多いのです。また、関係する言葉の意味を混同して使うこともあります。ある自閉症児は電気のついた明るい教室で、担任の教員に向かって「電気つける?」と繰り返し言っていました。その教員が「電気みんなついてるよ。明るいよ」と言っても、何回も何回も繰り返し「電気つける?」と聞きます。結論から言うと、彼は電気を消してほしかったのです。

高機能広汎性発達障害では、言葉が話せるものの、使い方や理解に問題のあることが多くなります。このことは次節で具体例を挙げながら述べることにしましょう。

▼言葉の理解

話し言葉に対する理解の幅も大変に広いものになります。話しかけられても言葉がわからず、全く反応しない子どもたちもいます。話し言葉を理解するようになっても、一つの単語には一つの意味しか当てはめられないことも多いようです。例えば「足が棒のようになる」というような言葉を使うと、怯えたような表情をします。「足がとても疲れた」という意味ではなく、直訳的に「足が棒になってしまう」ととらえてしまうからです。

また、私たちは、深紅も朱色も、赤っぽい色を総称して赤と呼ぶことができますが、この子どもたちは、深紅は深紅、朱色は朱色でなければならず、まとめて赤とは言いません。

さらに、例えば糊の入れ物が赤っぽい色だと、「のりあか」などと造語までしてしまいます。これは、同じようなものを束ねて考えるといった一般化ができにくいことと、こだわりにも関係しています。

■想像力の障害

乳児期から幼児期になると、子どもたちは様々な遊びを始めます。ミニカーを手にとって走らせますが、たまたまそばにあった空き箱を「ぶーぶー！」などと言いながらミニカーと同様、車に見立てて走らせたりもします。また、泥んこがハンバーグになったりプリンになったりします。これが子どもの想像力です。ところが自閉症児は、ミニカーを走らせることよりも、そのタイヤだけをぐるぐる回したり、彼らなりの一定の法則で並べたりすることに熱中します。ミニカーを自動車として見ていないのです。ある物を、何か他の物に見立てたりするようなこともしません。「もしも○○だったら」ということが、上手にできないのです。これが想像力の障害です。

子どもたちは、ある物を何かに見立てたり、ままごと遊びのようなごっこ遊びで現実の世界をまねてはいますが、それは、彼らなりに役割を決め、それまでの体験をフル動員して想像力たくましく新たな創造までしているのです。自閉症児もテレビ番組の主人公になりきって繰り返し繰り返し遊ぶことがあります。しかしこれは想像力ではありません。単なるまねであって、現実をそのまま映しているにすぎないのです。

また、年齢が増し、ある程度のことがわかってきても、前述した高等部の男子生徒のように憧れのタイプの女性の髪をすぐに触ってしまいます。初対面の人の体に触れてはいけないという社会の暗黙のルールを理解していない社会性の障害であると同時に、そういうことをしたらどうなるのかの判断がしにくい想像力の障害であるともいえます。

高機能広汎性発達障害でも、見立てとは異なりますが、想像力の障害があります。ありますというよりも、ニキ・リンコなど内外の高機能広汎性発達障害の人の自伝を読むと、想像力の障害こそが自閉症の中心的な障害なのではないか、そこから社会性の障害やコミュニケーション障害が派生しているのではないかと思われることがしばしばあります。

▼こだわり行動

想像力の障害と「こだわり」は直結し、この二つを、ローナ・ウィングはコインの表裏の関係と言っています。自閉症におけるこだわりは、反復的な動作の継続であったり同一性の保持ということです。想像力に障害のある子どもは、遊びそのものが限られるとともに、社会性の障害から他の者との交流もできず、将来の計画を立てることもできないため、今までの経験を繰り返すことによって安心を得るほかなくなってしまいます。この結果がこだわりです。

こだわりは、手のひらを目の前でヒラヒラさせたり、その場で跳ねながら手をパタパタさせる、その場でクルクル回るといった「反復自己刺激行動」から、特定のマークや物だけを集めたり並べたりするといった「興味の限局」、さらには道順へのこだわりや、道の途中にある特定のマンホールの蓋を踏まなければ先に進めない、寝る前の順序が必ず決まっておりそのとおりやらなければ寝られないといった「順序固執」、日常的な決まりごとにまで及んでいます。決められた時間割を急に変更すると混乱するのは、こうしたこだわりから起こることです。

ある自閉症児が初めてその教室を訪れたときに、教卓の上にチョークを入れた小箱がきちんと置かれていました。その小箱は授業のたびに使うわけですから教卓の上で位置がずれてきます。そのたびに彼は小箱の位置を直しに来るのです。何日も続きましたが、ある日、気になって物差しと分度器を使って小箱の位置を測っておきました。そして小箱を動かすと彼が飛んできて直します。もちろん物差しなど使わずにポンと直していきます。すぐに位置を測りました。何回やってもミリ単位で違わないのです。彼のこだわりとともに、物差しも使わずに全く同じ場所に小箱を置く能力に舌を巻いた経験があります。

(3) 自閉症における感覚の異常（知覚過敏、鈍感）

自閉症者の中には、視覚や聴覚、味覚、嗅覚、触覚のいわゆる五感などが極端に過敏であったり、その反対に鈍感であったりする異常が見られることがあります。

■視覚の異常

一九七五年に、筆者が初めて会った自閉症児は、毎日ほぼ同じ時刻になると教室の床に腹ばいになって、じっと一点を見続けながら頭を動かしていました。何を見ているのだろう、何が見えるのかと、彼が立ち去った後、同じように床に腹ばいになって見てみると、そこには金属製の栓のような物があり、頭を動かしてみると外の光を反射して光るのです。しかも、角度によって色も変わります。彼はこの光を楽しんでいたのです。この行動は前述のこだわり行動の一つでもありますが、光と視覚との関係でもあります。この光の見え方に関係しますが、多くの自閉症の子どもたちは蛍光灯の光を嫌います。ある高機能広汎性発達障害の子どもから「蛍光灯のたくさんある部屋は、ものすごい勢いで光が点滅していて気持ち悪くなる」と聞いたことがあります。交流電源のもとでは、蛍光灯は一秒間に五十ヘルツの地域なら百回、六十ヘルツの地域なら百二十回点滅を繰り返しています。この点滅が見えてしまうのです。水銀灯も同じような構造ですから水銀灯や蛍光灯を多用している学校の体育館などでは、彼らは苦しい体験をし続けていることになります。

また、視野や焦点の問題もあります。全体を見るより前にその中の一部分が焦点化してしまう傾向があるのです。先に引用しましたが、ニキ・リンコは「視野が広くないとわからない情報が、見のがされやすい。『木を見て森を見ず』ってやつね」[※3]と言っています。これは、情報全体を見ずに一部しか見えない状況を指していますが、視覚の領域では文字通り「木を見て森を見ず」の状態があります。実際は木も見ず、葉も見ず、一枚の葉の葉脈や虫食いの穴だけが目に入ってしまう人たちもいるのです。その一方で、視野に入ってしまっている物のうち、どれが必要な物かわからないということもあります。

さらに、先に触れたような一面的な物の見方（53ページ）ということもあります。

■聴覚の異常

米国の著名な畜産システム会社を営むテンプル・グランディンは六歳の時に自閉症と診断されていますが、その自伝『自閉症の才能開発』[※9]の中で「幼児期のことだが、私にとって大きな音は、全く歯医者のドリルが神経に突き刺さるような感じがして、実際に痛みを引き起こした。風船の破裂音は死ぬほど怖かった。それは鼓膜を破らんばかりに響いたからである。（中略）自閉症児にとって耐えがたい音はキーンという電気ドリルや、ミキサー、のこぎり、掃除機などの音である。体育館やバスルームの反響音も耐えがたい」と述べています。さらに「私の耳はすべての音をそのまま拾い上げるマイクロフォンみたいなものだから、二人の人が同時にしゃべっていると、片方の声を意識外に押し出し、もう一人の声に耳を傾けることが難しい」とも言っています。

私たちの耳は集音器ですから、すべての音を拾います。そのたくさんの音から必要な音だけを拾い出す仕事を、聴覚中枢をはじめとした脳がしてくれています。従って、よほどの騒音の中でない限りは相手の人の声が聞こえます。しかし、自閉症児の多くはこのことが難しいのです。聞いていない、あるいは聞こえないふりをしているのではなく、どの音が相手の声かがわからないほどの音の洪水の中にいることになります。ちなみに、こうした子どもたちに指示をするときには、大声ではなく小さな声で話しかけた方が通じやすいようです。

■触覚の異常

二十歳代で高機能広汎性発達障害と診断された藤家寛子は「雨は痛いじゃないですか。当たると。傘さしていても、はみ出た部分に雨が当たると一つの毛穴に針が何本も刺さるように痛くありません？（中略）（シャワーも）痛いです。だからお風呂はできるだけかぶり湯にしています[※3]」と言っています。それに対し、ニキ・リンコは「私は雨は痛くないですよ。でも扇風機の風が痛いです[※3]」と答えています。二人が痛いと感じるものは違いますが明らかに触覚の異常です。自閉症には、こうした触覚の異常が数多く見られます。

自閉症児の多くは体に触られるのを極端に嫌がります。特に肩に手を置くだけのようなソフトな接触を嫌います。本人たちは「痛い」と言います。気楽に肩を触ったり、ポンと軽く叩いたとたんに、その手を振り払われたりします。その一方で、パニックを起こした自閉症児をギュッと抱きしめると、とたんに安定する例も数多く見られます。また、洋服（特に下着）の縫い目が痛くて縫い目が当たらないように裏返しに着ている子どもにも会ったことがあります。この子どもはソックスのゴムの締め付けも痛くて我慢できず、教室に入るなりソックスを脱ぎ捨てていました。

　このような痛みに関する過敏さは指導上は厄介ですが、もっと大変なのは、過敏さと同居している痛みに対する鈍感さです。例えば、学校の休み時間が終わり教室に戻ってきた自閉症児の膝の上がパックリと割れ血が流れ出していましたが、本人は歩きにくそうにしているだけで平然としている、という場面に出くわしたことがあります。本人は痛みを感じていないのです。すぐに病院で何針も縫ってもらい事なきを得ましたが、生命にも影響しかねないことが起きてしまいます。周りが注意深く見ていく必要があります。ちなみにこの子どもの手の甲をシャープペンシルの先でツンと突くと「ギャー！　痛ーい！」と悲鳴を上げます。過敏さと鈍感さが同居しているのです。

　このような触覚の異常は、本人のボディーイメージの鈍さにも関連しているようです。ニキ・リンコや藤家寛子は「見えないものはない」と言います。こたつに入ると足が見えなくなるので足がなくなり、足の感覚もなくなるというのです。その結果、熱源に足がくっついているのに気付かず火傷をしたといいます。※3
　また、セロファンテープや糊に触れない子どももいました。ベタベタした物は苦手な子どもも多いようです。

　触覚にも関係しますが、自閉症には「距離感」の異常も見られます。ローナ・ウィングの言う「積極・奇異型」の子どもたちの中には、突然、相手の目の前に現れ一方的に自分の興味のあることを延々と尋ねまくることがありますが、こうした際に、相手に圧迫感を感じさせる距離まで接近することが多く見られます。適当な距離ということが感覚上わかっていないといえましょう。

(4) 自閉症におけるフラッシュバック

自閉症児(者)の中には、突然過去のことを思い出し、パニックを生ずる場合があります。周囲の者は何が原因でパニックが起こったのか理解のしようがありません。本人は、思い出したことがあたかも直前に起こったかのように振る舞い、パニックを起こしたり、周りの者に殴りかかったりといった行動をとるのです。しかも、その過去は数年前ということもあります。

ある自閉症児は、それまでは平然と他の子どもたちと歩いていたのに体育館の玄関で突然泣きわめき暴れまわるパニックを起こしました。強引に体育館の中に入れると、何も働きかけなくてもパニックは収まりました。同じようなことが何回か続いたので調べてみると、二年前に同じ玄関で他の子どもに突き飛ばされてけがをしていました。

また、他の自閉症児は、教室にあった洗濯機が動き始めると、パニックを起こしながら、すぐに飛んできてスイッチを切ってしまいます。家でも同様の行動が見られるとのことで、調べてみると、三年前に家庭にあった洗濯機が何かの拍子でキーキーと音を立て、音に敏感な彼はパニックを起こしたのでした。そのことを思い出し、洗濯機が動き出すとキーキーという音が出なくともパニックを起こしスイッチを切る行動をとっていたのです。こうしたことがもう少し進むと、洗濯機そのものが不快刺激になり、動いていなくても洗濯機を見ただけでフラッシュバックが生じてしまい、パニックが起こることになってしまいます。

こうした現象は、重い自閉症はもちろんですが高機能広汎性発達障害にも起こります。対人関係などから考えると、むしろ高機能広汎性発達障害の方が影響は大きくなりますし、対応の仕方によっては、学級崩壊などの原因にもなりかねないのです。この点については、次節で具体例を挙げて詳述します。

(5) 自閉症における多動と運動能力の異常

自閉症児の中には、年中落ち着きなく動き回ったり、突然、突っ走って教室から飛び出すといった多動の状態が見られます。自分の興味のある物が目に入った瞬間や、前項で挙げたフラッシュバック現象が起こり突然何かを思い出したときに突っ走るという行動が出るようです。知的障害を伴う重い自閉症児に数多く見られますが、高機能自閉症の子どもたちにも見られる行動で、この場合は注意欠陥多動性障害（ＡＤＨＤ）が疑われてしまい、自閉症としての他の障害特性が見落とされがちなので注意が必要です。

また、自閉症には「ぎごちなさ」に代表されるような運動能力の異常が見られることが多いようです。体全体を使う粗大運動の異常としては、ボールを上手に投げられずまた受け取れずに顔面で受けてしまったり、歩き方がギクシャクするなどの異常が見られます。また、手先の巧緻性の異常では、箸やハサミがうまく使えなかったり、折り紙が折れないなどの行動が見られます。「こだわり行動」の項（62ページ）でも触れましたが、手のひらを目の前でヒラヒラさせたり、その場で跳ねながら手をパタパタさせる、その場でクルクル回るといった「反復自己刺激行動」も運動の異常の一つといえるでしょう。

(6) 自閉症における身体機能の異常

自閉症をはじめとした広汎性発達障害は、脳機能の障害が原因だといわれています。脳機能に障害があるのなら、いわゆる精神活動だけでなく身体機能にも何らかの異常があっても不思議ではありません。こうした障害のある人たちは、感覚の異常にプラスして体温調節が難しかったり、疲れに鈍感で睡眠時間が十分にとれずに体調を崩したりすることも多いようです。また、てんかん発作のある子どももいます。こうした異常は、重い自閉症であっても高機能自閉症であっても変わりないことです。保護者と十分連携しながら、教室の中でグッタリしているときは、その体調にも気を遣うことが必要になります。

（7）自閉症のまとめ

自閉症について様々な観点から見てきましたが、それをまとめると自閉症とはどのような障害なのでしょうか。ＤＳＭ－Ⅳ－ＴＲに示されているように診断的には、社会性の障害、コミュニケーションの障害、想像性の障害の三つの基本症状をもつ障害になります。なぜこのような障害が起きるのでしょうか。

自閉症ではない者から見ると異常ともいえる自閉症児（者）特有の症状は、以下に挙げるような独特な感覚の働きにより現れるのではないでしょうか。

①自分の目や耳などから入る様々な情報の中から、必要な情報を絞り込むことができない。

②様々なことを考えたり思い出したりする際に、動画的ではなく、スチール写真がコマ送り的に動くような思考体系なため、一度に処理できる情報が限られてしまう。

③様々な事柄の中から同じようなことを束ねまとめていく一般化や概念化がしにくい。

要は、彼らのもつ独特の感覚がすべての起点のように感じられるのです。

こうしたことに加え、先に引用したニキ・リンコによる「要するに、一人ひとりの見ている守備範囲が狭い。自分の担当の範囲はやたら詳しく見ている。担当以外のことは驚くほど見ていない。これが自閉の本質だと思う[※3]」という指摘もあります。さらに、藤家寛子は、自分と同じように他の人も雨に当たると痛いと感じていると思い込んでいました[※3]。生まれながらにして感じ方や物の見方が異なり、他の人も同じような感じ方をしていると思い込んで生活をしていればどうなるのでしょう。こうしたことを前提に杉山登志郎は「広汎性発達障害の児童青年が示す問題行動の大部分は、非常に狭い視野で周囲の世界を眺め、判断し、行動するところから生じる誤学習の結果ではないか[※8]」としています。

とするならば、感覚の異常＝障害を直すことは難しくても、そうした独特の感覚をもっていることを周囲が理解し適切に指導していければ、主要な障害である社会性の障害やコミュニケーションの障害を改善していくことは可能ではないでしょうか。特に高機能広汎性発達障害児の場合は、知的な発達という点から見て本人が理解できることも多いわけですから、一人ひとりの状態を見ながらそのニーズを見極め指導していくことが大切です。今まで述べてきた自閉症の障害特性をもとに、次節では高機能広汎性発達障害児について考えていくことにしましょう。

《文献》

※1 Lorna Wing "Asperger's syndrome : a clinical account"（"*Psychological Medicine 11*" 一九八一年）
邦訳は、「アスペルガー症候群：臨床的知見」（高木隆郎他編『自閉症と発達障害研究の進歩２０００vol.４』二〇〇〇年　星和書店）

※2 Kanner.L & Eisenberg.L "Early infantile autism 1943-1955"（"*American journal of orthopsychiatry, 26*" 一九五六年）
邦訳は、十亀史郎他訳『幼児自閉症の研究』（二〇〇〇年　黎明書房）

※3 ニキ・リンコ、藤家寛子『自閉っ子、こういう風にできてます！』（二〇〇四年　花風社）

※4 前川喜平「子どもの心身の発達―小児心身症理解の基礎として」（『小児心身医学ガイドブック』一九九九年　北大路書房）

※5 Lorna Wing "*The Autistic spectrum. A guide for parents and professionals*"（一九九七年）
邦訳は、久保紘章他監訳『自閉症スペクトル―親と専門家のためのガイドブック』（一九九八年　東京書籍）

※6 バロン・コーエン、ウタ・フリス他「自閉症児には「心の理論」があるか？」（高木隆郎他編『自閉症と発達障害研究の進歩１９９７vol.１』一九九七年　日本文化科学社）

※7 Premack.D' Woodruff.G "Dose the chimpanzee have a "theory of mind"?"（"*Behavioral and Brain Sciences, 4*" 一九七八年）

※8 杉山登志郎『発達障害の子どもたち』（二〇〇七年　講談社）

※9 Temple Grandin 著 カニングハム久子訳『自閉症の才能開発―自閉症と天才をつなぐ環』（一九九七年　学習研究社）

3 高機能広汎性発達障害の子どもたち

この章では、自閉症の中の知的に遅れのないグループの「高機能自閉症」とコミュニケーション障害が軽微なグループの「アスペルガー障害」をまとめて「高機能広汎性発達障害」と呼ぶことにします。

高機能広汎性発達障害の子どもたちは、知的障害がなかったり、あっても軽いものですが、広汎性発達障害の特徴である①対人的相互反応の質的な障害、②コミュニケーションの質的な障害、③限定的で反復的、常同的な行動・興味・活動の三つの領域に障害がないということではありません。重い知的障害を伴い発語がないような自閉症児とは、それぞれの障害の出方は異なっても本質的には異なるものではなく、前節で挙げた様々な行動特徴がそのまま出ることもあります。むしろ知的に高く、一見すると障害がないように見えることから、現在、通常の学級で起こっているように、社会生活を送る上で難しいことが起こりやすい子どもたちといえるでしょう。

(1) 社会性の障害

幼稚園や保育園の段階の高機能広汎性発達障害の子どもたちの多くは、ローナ・ウィングが四つに分類した社会性の障害のうち「受動」群から「積極・奇異」群へと変わっていく経過にあります。他の子どもたちとかかわりたいという気持ちが表面に表れてくる時期ともいえます。しかし、かかわりたくても上手なかかわり方がわからず、噛みついたり、突き飛ばしたり叩いたり、お話の途中に大騒ぎをしたりすることもあります。このときに、教員をはじめ周囲のみんなの関心が集まるので、受け入れてくれたと誤学習をし、この後も、他の子どもとかかわりたくなると暴力的な行動が出ることがあります。

小学校の段階になると、高機能広汎性発達障害の子どもたちの多くは「積極・奇異」群としての言動が多くなります。より積極的に他人に活発に近づこうとしますし、自分の興味関心のあることを延々と話そうとします。また、自分の思い通りにならないと攻撃的になることもあります。他の子どもたちや周囲の大人たちに積極的にかかわろうとするのですが、相手の気持ちがわからずに、自分の思いだけで話しかけたり行動するため様々な問題が起こります。

▼相手の気持ち

三年生のタケシくんは、校外学習の途中の電車の中で、たまたま乗り合わせていた髪の毛のうすい男性の頭を断りもなく触り、その上丁寧に「おじさん、なんで髪の毛がないのですか」と聞き、殴られそうになりました。また、五年生のノブヒコくんは、キャラクターの描かれた新しい筆入れを持ってきた同級生に「新しいけどガキの持ち物ですね」と言って大げんかになりました。

このような例は挙げればきりがないほどたくさんあります。そして共通していることは、言った（あるいは行った）当の本人はなぜ怒られたのか、けんかになったのか腑に落ちていないのです。逆に、本当のことを言ったのになぜ怒られるのかと思っています。「相手の嫌がることを言ったりやったりしてはいけません」と指導しても、相手の態度や表情などから相手の気持ちを読み取ることができないために、相手の嫌がることが何なのかがつかめません。また、何が相手を嫌がらせる行動なのかを、その場に応じて直観的に判断できないために、けんかになってしまうのです。さらに仮に一つひとつのことで叱られ、その一つひとつはわかっても、「相手の嫌がること」という《共通のくくり》で理解すること、すなわち物事を同じ仲間として束ねたり、一般化することが難しいのです。

▼自分なりの方程式

二年生のハヤトくんは休み時間の教室で、自分のすぐそばで話していた子どもが前の日のテレビの話で盛り上がり大きな声を出したとたんに、「なんで怒るの！」と大声を出してその子どもにつかみかかっていきました。つかみかかられた子どもや周りにいた子どもたちははじめはキョトンとしていましたが、すぐに大げんかになってしまいました。

教員が間に入ってけんかを止めた後、子どもたちにけんかが始まった理由を尋ねると、周りにいた子どもたちは異口同音に「ハヤトくんが急につかみかかってきた。僕たちは何にもしていないのに……」。それに対して、ハヤトくんは「○○くんが、僕のことを怒った。何にもしていないのに！」と主張します。ハヤトくんには「大きな声＝怒られるときの声」という方程式が出来上がっており、その前後の出来事やその場の雰囲気などは飛び去ってしまい、自分のすぐそばで大きな声がしたので怒られたと思い込んでしまったのです。しかも、ハヤトくんのような子どもたちはいったん出来上がってしまった思い込みを誤りだと認め、新しい情報に置き換えていくことの難しさをもっています。このけんかの原因がわかって、周りのみんなに謝ったらと言っても、当の本人は頑として拒否し、学級の中でのこの子どもを取り巻く人間関係はますます悪くなっていってしまいます。

▼思い込み＝俺ルール

五年生になったツバサくんのクラスでは、自分の教室と一年生の教室が掃除の場所になりました。自分の教室の掃除当番だったツバサくんはきちんと掃除当番をすることができましたが、次の週になって一年生の教室に掃除に行ったところ、ブツブツ独り言を言いながら掃除をしようとしないのです。周りの子どもが「ツバサ早く掃けよ」と言っても「違う、違う」と言って始めません。帰りの会で、掃除をさぼっていたと言われたツバサくんは滔々と自分の意見を言いました。「教室の掃除は、まずすべての机を後ろに下げてから始めます。それが掃除です。でも一年の教室は、机が前に寄せてありました。机が違います」。ツバサくんが四年生までにやってきた教室の掃除と手順が違ったのです。ツバサくんに対してクラスのみんなから嘲笑と掃除をさぼった弁解だという内容の攻撃が続きました。

ツバサくんと全く同じ思い込みに関して、ニキ・リンコが小学校時代を振り返って、学期末の大掃除の掃除当番での失敗について「私は、教室の掃除の最初に机を後ろへ寄せることは覚えた。でもそれが、教室の前半分の掃除をやりやすくするためだとは気がついていなかった[※1]」と述べています。

高機能広汎性発達障害児の多くは、様々なことが皆と同じようにできたとしても、はじめの行動がそのこと（この場合は掃除）のすべてだと思い込み、それと違った状況だと混乱してしまうことがあります。ニキは、こうした思い込みを「俺ルール」と呼んでいます。

（2）コミュニケーションの障害

この章のはじめに述べたように、精神医学の分野で国際的に活用されている診断基準であるアメリカ精神医学会作成のＤＳＭ－Ⅳ－ＴＲでは、アスペルガー障害は、自閉症の診断基準の中のコミュニケーション能力には問題のない障害という位置付けになっています。しかし、高機能自閉症児を含め、高機能広汎性発達障害児は発声、発音、語彙の獲得や文法規則等の「言語能力」にはほとんど問題はないのですが、相手との「会話」を中心としたコミュニケーションとなると様々な問題が起こります。

▼「何してるの？」＝言外の意味①

一年生の教室での出来事です。教室のみんなが一生懸命国語の勉強をしていました。突然、窓側の前から二番目の席に座っていたタカヒロくんが立ち上がりました。担任の教員はすかさず「タカヒロくん、何してるの？」と声をかけました。タカヒロくんは、一瞬、首をかしげましたが、すぐに「立ってます！」と大きな声で答えました。担任はその一言にカーッとしてしまい、「勝手にしなさい！」。タカヒロくんは勝手に教室の外へ出ていきました。タカヒロくんが突然席を立ったのには理由がありました。教室のすぐ前の花の種をまいたばかりの花壇に猫が入っていたのです。担任から「きれいな花が咲くように花壇には入ってはいけません」と昨日言われたばかりです。猫を花壇から追い出さなければと考え、そのことを先生に伝えたかったのです。

担任がはじめにかけた「何してるの？」という言葉は、小学校の教員がよく使う言葉です。この場合での「何してるの？」には、「今授業中です。席を立ってはいけません。座っていなさい」などの意味が言外に含まれています。この《言外》の意味の理解が、タカヒロくんのような子どもたちには難しいのです。字義どおり以外の理解ができにくいのです。だからタカヒロくんは「立ってます！」と答えました。

教員が使い慣れている言葉には言外の意味が込められている言葉が数多くあります。教室の中の多くの子どもたちはその言外の意味も理解してくれていますが、高機能広汎性発達障害の子どもたち以外にも、言外の意味まで理解できないままに、周りの子どもたちがそうするからと行動している子どもたちもいるのではないでしょうか。この場合なら教員は「タカヒロくん、今授業中だから席に座っていようね。お休み時間になったらいっぱいお話聞いてあげるよ」と声かけすることが、タカヒロくんはもちろん他の子どもたちのためにも必要ではないでしょうか。そして、授業が佳境に入っているときであっても、「何してるの？」と聞く前に一言「タカヒロくん、先生にご用ですか？」と聞いてあげる心の余裕が、この子どもたちを育て、コミュニケーション能力を伸ばしていくためには大切なことなのだと思います。

▼「お風呂見てきて！」＝言外の意味②

　言外の意味の理解の難しさは家庭でも起こります。二年生のエリさんはアスペルガー障害の診断を受けています。ある日、お母さんが「エリちゃん、お風呂見てきて！」と言いました。エリさんは、「はーい」と答えてお風呂に向かいました。お部屋に戻ってきたエリさんにお母さんは「お風呂、もう平気だった？」と聞きました。エリさんは「うん」と答えました。そこで、お母さんはお父さんに向かって「お父さん、お風呂平気だよ。入って」と言いました。お父さんが片足を湯船に入れるとまだぬるくて入れず、あわてて洋服を着て浴室から出てきました。

　前の項目から考えれば、なぜこうしたことが起こったかわかると思います。エリさんは、お母さんに言われたとおりお風呂を見に行きましたが、お風呂のお湯が適温かどうか、手をお湯の中に入れてきたわけではありません。ただお風呂を見てきただけです。お母さんの言った「お風呂見てきて！」に含まれている言外の意味など理解できなかったのです。

　お母さんはエリさんに対して「お風呂に入れるかどうか、お湯に手を入れてかき回して、ちゃんといい温度になってるか見てきてね」と言わなければならなかったのです。また、これからのことを考えると、「お風呂見てきて！」と言われたら、それはこうした意味なんだよと、繰り返して教えてあげることが大切です。

▼「選んでください！」＝混乱を避ける

ニキ・リンコの著書『俺ルール！』（花風社）には、この子どもたちの混乱を避け、コミュニケーション能力を高めるために教師を中心とした周囲の者が配慮するべき多くのことが示唆されています。そのうちの一つが本人に何かを選択させる場合の声かけの仕方です。少々長きに失する恐れはありますが、とても大切なことだと思いますので引用させていただくことにしましょう。[※1]

ニキさんは、佐賀から小倉までいく必要がありました。佐賀から博多で乗り換え小倉に向かいますが、博多から小倉に行く方法の選択です。佐賀の先生がニキさんに声かけをしました。「選んでください。選択肢はふたつあります。新幹線だと、乗ったら二十分で着くけれど、乗り換えるには、降りたホームから遠くまで歩くことになります。もう一つの特急ソニックだと、乗ってから四十分かかるけど、乗り場が、降りたホームの隣だから、一本分しか歩かなくて済みます。どっちがいいですか」

ニキさんは、この声かけの仕方は選択する立場からありがたいと言います。「まず『選んでください』と言われたから『ああ何か選ぶんだな』と思う。（中略）そこへ『選択肢はふたつあります』と言われたから頭の中に中身は空欄で二択の枠を描く。（中略）（一つ目の枠に）『新幹線だと……』という中身が入力される。（中略）『もうひとつの』という言葉を合図に、カーソルが二つ目の枠に移動する。（中略）（二つ目の枠に）『特急ソニックだと……』という内容が入力される。このふたつから選ぶんだよね、と予測して（中略）そこに『どっちがいいですか』という声が聞こえて（中略）。ね？これがあるべき手順でしょ？」

この子どもたちの多くは、一つのことを聞くとそれだけで頭の中がいっぱいになってしまい、次のことは耳に入ってもなかなか理解が難しくなってしまいます。切り替えの難しさと連続的な理解の難しさという障害特性です。確かに、「選んでください」とはじめに言わずに「新幹線なら……なんだけど、特急ソニックならね……」と言えば、頭の中は新幹線のことだけでいっぱいになって、特急ソニックのことなど入る余地がなく、結果的に新幹線だけが選択の対象になってしまいます。選択を求める場合以外にも、こうしたちょっとした言い方に注意することでこの子どもたちの混乱を少しでも回避し、コミュニケーションの幅を広げていくことができるはずです。

▼あれもこれも＝指示は一つだけ

二年生の教室で二時間目の算数の授業が終わりました。担任の教員が教室のみんなに声をかけました。「次の授業は体育だよ。体操服に着替えて、体育館に集合だよ。マット運動をするからマットを出しておいてね。先生も着替えていくからね」。みんなは着替え始めましたが、アサミさんはモジモジし、キョロキョロするだけで着替えを始めません。それに気がついた他の子どもが「アサミちゃん体操服に着替えるんだよ」と声かけをし、その声でアサミさんもやっと着替え始めました。

前の項でも述べましたが、この子どもたちの多くは、一つのことを聞くとそれだけで頭の中がいっぱいになってしまい、次のことは耳に入ってもなかなか理解が難しくなる、切り替えの難しさと連続的な理解の難しさという障害特性があります。アサミさんも先生の言った①着替えること、②体育館に行くこと、③マットを出すことの一つひとつは十分に理解でき、そのように行動することができます。しかし、三つもまとめて言われると、頭の中があれもこれもでいっぱいになり、何から始めたらいいのかわからなくなってしまうのです。

また、みんなに言われたことは、自分に言われたことではないと思い込んでしまうことも多いのです。先に挙げた担任の教室のみんなへの声かけは一般的に使う言葉です。しかし、この場合には、みんなに声かけした後、アサミさんに向かって「アサミさん、体操服に着替えてね」と個別に声かけをした上で、みんなに「アサミさんと一緒に体育館に来てね」と付け加えて言えばアサミさんも混乱しません。この子どもたちへの指示は一つずつ行うことが大切です。他の子どもの声かけでアサミさんが着替え始めたのも、指示が一つなので混乱なく行動に移すことができたからです。また、まとめて言わなければならない場合には、文字と順番を示す矢印などを使い、個別に示すなどの工夫が必要になります。

▼「結構なお茶と美味しいお菓子を……」＝仰々しさ

二年生のヨシアキくんは、学校の帰りに同級生の家に寄って遊んでいくことになりました。前の日に約束したので、ヨシアキくんはお母さんにそのことを話し、お母さんが同級生のお母さんに電話してくれたので安心して遊びに行きました。同級生の家に着いて遊んでいると同級生のお母さんがジュースを持ってきてくれました。帰る時間になると、ヨシアキくんは同級生のお母さんに向かって「本日は突然お邪魔し申し訳ありませんでした。また、結構なお茶と美味しいお菓子をありがとうございました」と大人顔負けのお礼のあいさつをしました。お母さんは吹き出しそうになりながらも何と返事したらよいのか困ってしまいました。

この子どもたちの中には、このように仰々しく難しいことを言ってのけることがあります。しかし、こうした場面で使う言葉として知っているだけで、その意味をきちんとわかって使っていない場合が多いのです。ヨシアキくんの場合も、前の日からの約束でお母さん同士が電話で話しているので突然ではなく、出されたのは冷たいジュースだけです。また、どう考えても二年生が使う言葉ではありません。教室の中でもこうした仰々しい言葉を使い、クラスの子どもたちからバカにされることがあります。

▼「ボーイングは……、エアバスは……」＝興味関心の限局から

二年生の教室です。帰りの会でたまたま飛行機の話になりました。そのとたんハルトくんが立ち上がり話し始めました。「今まで一番大きい飛行機はボーイングの７４７でしたが、今度エアバスがＡ３８０を作りました。７４７は一部が二階建てですが。Ａ３８０は全席が二階建てなのです。一号機はシンガポール航空が買い取り、個室のスイートルームも用意されています……」。話は延々と続きそうです。別の子どもが「ハルト、もういいよ！」と言ってもやめません。担任の教員が「ハルトくん、飛行機の話はもうおしまい！」。ハルトくんは、渋々話をおしまいにしました。次項の「こだわり」とも関係しますが、この子たちの多くは興味関心が限局しており、特定のことに関してはきわめて詳しく、大人の知識をも越している場合が多く、そのことを話しだすと相手が聞いていようがいまいが一方的に話し続けることがあります。

（3）こだわり（限定的で反復的、常同的な行動と興味）

高機能広汎性発達障害児であっても、想像性の障害に起因するこだわり行動が見られます。そのこだわりも、前節で述べたような「反復自己刺激行動」や「興味の限局」「順序固執」

のような極端なものは減ってきます。しかし、自分にとって興味のない授業中などに、自分の世界に入り込み興味のあることをし続けたり、順序固執から発展した自分なりの日常的な決まりごとなどにこだわるといったことが見られます。また、予定や時間などへのこだわりが強くなる場合もあります。高機能広汎性発達障害児のもつこだわり行動は、必ずしもマイナス行動ではなく、上手に生かせば将来の社会自立につながるものも数多くあります。本書でも度々紹介しているニキ・リンコは、三十歳代になってからアスペルガー障害と診断されていますが、言葉やそのもつ意味にこだわりがあったといいます。そのこだわりが名翻訳者としての今につながっているのだと思います。

▼自動車の形を見ただけで＝興味の限局

三年生のハルヒコくんは、学級のみんなから「自動車の神様」と言われています。走っている車をチラッと見ただけで、車名や年式まで言い当ててしまいます。「自動車の神様」と言われているのは、そんなカタログ的な知識からだけではありません。

次ページの図２－５の絵を見てください。この絵はハルヒコくんが筆者の目の前でサラサラと描き上げてくれたものです。描き上げるまでに三～四分くらいかかったでしょうか。走っていた車を教室の窓から見て描いてくれましたが、彼の得意なのは、というよりこだわりともいえるのは、自動車の展開図なのです。どんな自動車でも見ただけで、その自動車の展開図を描いてしまいます。この図２－５の絵も外の輪郭線から切り取って組み立てれば立体的な自動車になります。ただし、車種にもこだわりがあって絶対に描いてくれない車種もあります。

図 2-5：ハルヒコくんの描く車

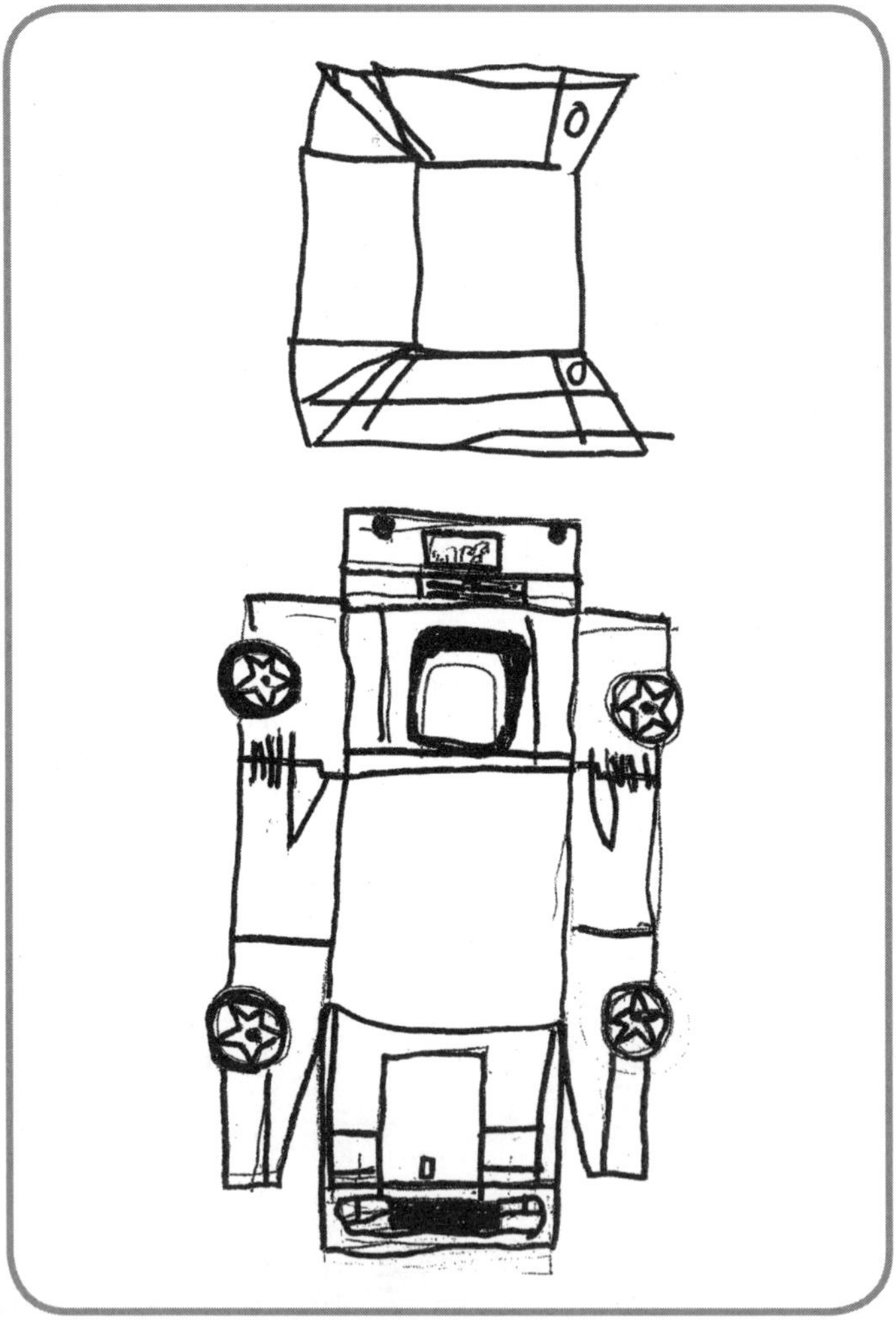

▼朝食の時刻が違って不機嫌に＝自ら決めたルール

ハルナさんは五年生です。宿泊訓練の朝、集合地にやってきたハルナさんは、いつもと違いブスっとして不機嫌です。周りの子どもたちにあたり散らしています。昨日までは宿泊訓練を楽しみにしていたのにどうしたのでしょう。ハルナさんのお母さんも心配だったのでしょう、集合地に来てくれました。そのお母さんのお話では、ハルナさんはいつも朝食を七時に食べ始めることに決めていて、たまに早く起きても七時になるまで朝食を食べ始めないのだそうです。ところがこの日は集合時刻がいつもより早かったので六時三十分頃から嫌がるハルナさんに朝食をとらせたのです。それからずっと不機嫌なのです。

高機能広汎性発達障害児は、周囲が普段は気付かないような日常的な決まりを自分なりに作り、その決まりにこだわっていることがあります。ハルナさんのように、日常とは異なる場面でそれがはっきりしてくることがありますが、知的に重い自閉症児とは違いそのことでパニックを起こすことは少ないようです。

宿泊訓練の二日目の朝、朝食はみんなで七時三十分にとりましたが、この日は不機嫌にはなりませんでした。どうしてなのでしょう。それは、事前に予定表としてみんなに示されていたからです。その代わり、二日目の夕食がその前の行事の関係で予定表に示された時刻より十五分遅れてしまい、ハルナさんは予定の時刻からソワソワし始め「夕食の時間、夕食の時間」とつぶやき続けていました。

▼片付けができない＝時刻へのこだわり

シュウヘイくんは一年生です。入学してから間もない四月のはじめです。二十分休みにシュウヘイくんたちは教室の後ろの方で床に寝転がって絵本を読み散らしていました。十時四十分、休み時間の終了のチャイムがなると、シュウヘイくんと一緒になって絵本を読んでいた三人の子どもは絵本を集め教室の後ろの本棚への片付けを始めましたが、シュウヘイくんだけは片付けをせずにサッサと自分のイスに座ってしまいました。シュウヘイくんに「どうして絵本のお片付けをしないの？」と聞くと「もうお勉強の時間です！」と言い切り、片付けに行こうとしません。そのうち絵本の片付けは三人の手によって終わってしまいました。そこでシュウヘイくんに、「明日からお休み時間は十時三十五分までです。三十五分になったらお片付けの時間です。そして四十分からお勉強です」と伝えました。その上で学級のみんなにも同じ内容を伝えました。翌日、十時三十五分になると、教室の中で遊んでいるみんなに向かってシュウヘイくんが大声で「お休み時間は終わりです！お片付けの時間です！」。シュウヘイくんも読み散らしていた絵本を集め出しました。

シュウヘイくんのように、時刻へのこだわりから片付けよりも授業の始業時刻が優先してしまい、片付けのできない子どもたちがいます。こうした子どもたちは、始業時刻だけでなく終業時刻が若干延びても混乱したり、そこまでいかないまでも、ひとり口の中でブツブツと言い続けたりすることがあります。授業の時間が延びそうなときには「もう少しでまとまりそうだね。終わりの時間が少し延びるよ」などとあらかじめ伝えておくことが必要になります。その際、「五分延びるよ！」などと時間をはっきりさせた方が、シュウヘイくんなどは安心するのですが、その代わり五分で終わらないと余計混乱することになりますから、伝え方を工夫することが大切です。

▼算数が体育に＝予定の変更は嫌

コウヘイくんは四年生です。三年生になってからは落ち着き始め、授業中にも立ち上がることはなくなりました。時々、みんながうんざりしているにもかかわらず、自分の興味のある星や星座の話、宇宙の話を滔々と話し続けるのに困るといった程度で、ほとんど問題はなく学級の一員として頑張っています。

九月になり月末に開かれる運動会の練習に向け学校中がワサワサしだしました。そしてある日の二時間目の終了時に「三時間目は算数の予定だったけど、運動会のリズムが上手にできていないので体育にします。着替えてグラウンドに集合します」。多くの子どもたちは大喜びですが、コウヘイくんだけは違います。「三時間目は体育ではありません。算数です。僕は着替えません！」と主張します。コウヘイくんは、算数が得意なわけではありませんが、予定の変更は嫌なのです。

この子どもたちの多くは、コウヘイくんのように生活全体が落ち着いてよい方向に向かっていても、予定の急な変更を嫌がります。時間や予定などあらかじめ決められた中で過ごすことにより安心感がもてるのです。見通しがもてない中での生活は不安感を増大させます。想像力の障害がこんな形で表れてきます。ましてや運動会などの学校行事のために学校中がワサワサしているのも落ち着きません。こうした場合、コウヘイくんのような子どもたちには、なるべく早い段階で、まず理由を明確にして予定の変更を伝えることが必要です。その上で学級の全員に伝えた方が、本人の混乱の度合いが低くて済むようです。できることなら予定の変更がないのが一番なのですが。

(4) 感覚の異常

高機能広汎性発達障害児であっても、感覚の異常は重い障害のある自閉症児と変わりありません。前節で詳しく述べたのでここでは繰り返しませんが、視覚、聴覚、触覚などの異常はそのままあると言ってもよいでしょう。

ただし、自らの生活経験から異常な感覚に関する部分を知的理解でカバーしていたり、我慢したりして、感覚異常自体は目立ちにくいこともあります。周囲の大人がそれとなく気遣いしてあげることが必要になります。

（5）フラッシュバック

自閉症児の中には、突然過去のことを思い出しパニックを生じたりすることは前節で述べましたが、こうしたことは高機能広汎性発達障害の子どもたちにも起こります。このフラッシュバックが厄介なのは、ただ思い出すということではなく、過去にあった出来事を今起こったこととしてとらえていることです。過去と現在が重なってしまうのです。突然怒り出したとしても、周囲の者にとっては、その原因は全くわかりません。

▼突然、殴りかかるが、理由は不明

休み時間、職員室に五年生の学級の子どもが来ました。「先生、リョウがナオヒコくんを殴って、けんかになりそうだよ！」。担任は急いで教室に行きました。興奮して真っ赤な顔のリョウくんを三人の男の子たちが取り囲んで「リョウ、なんで殴るんだ？」と詰問しています。リョウくんは「ナオヒコが先に殴ったじゃないか」と反論しています。間に入った担任が双方から事情を聴くと、まずナオヒコくんたちは「三人でしゃべりながら、たまたまリョウのそばを通ったら、リョウが突然殴りかかってきた」と口をそろえて言います。リョウくんは「ナオヒコが肩を殴ったのでお返しした」と言います。他に教室にいたのは職員室に知らせに来た子どもたち数人でしたが、彼らは「突然、リョウがナオヒコくんに殴りかかった」と言います。しかし、リョウくんは「先に殴ったのは、ナオヒコだ」と言い張ります。そこで、担任は「別々に話を聞こう」と言って、まずナオヒコくんたちを廊下に連れて行き、「ナオヒコくん、前にリョウくんの肩を叩いたことがあるかい？」と聞きました。ナオヒコは、しばらく考えていましたが「肩を殴ったことはないけど、〝ちょっとちょっと〟と言って、トントンと叩いたことはあるよ」と言いました。次に、リョウくんに話を聞きました。「ナオヒコくんが、今、肩を殴ったの？」。リョウくんは「そうだ。ナオヒコが肩を二回殴った」と言います。

これがリョウくんに現れたフラッシュバックです。リョウくんは、たまたま何かのきっかけで、ナオヒコくんに肩を叩かれたことを、それが今あったこととして思い出し殴りかかったのです。しかも、リョウくんには触覚過敏があり、肩をトントンと軽く叩かれただけでも思い切り叩かれたような痛みを感じていたのです。

リョウくんにこうしたフラッシュバックが起こる可能性があることを知っていた担任教員は、リョウくんが言う《今》を否定せずに「リョウくん、肩を叩かれてもすぐにお返しで殴ってはいけないんだ。我慢もしなくちゃね。肩を殴らないでって言葉で言うことが、まず先だよ」と丁寧に何度も指導しました。はじめのうちはブツブツ言っていたリョウくんもやっと納得しました。その上で、担任はナオヒコくんたちを呼び「リョウくんは、前にあったことを思い出すと、今あったことのように思っちゃうんだ。だから、今回は許してあげてね。それから、リョウくんはちょっと肩を叩かれただけでも、ものすごく痛く感じちゃうんだよ。そこもわかってってね」と丁寧に話しました。はじめのうちは怪訝そうに聞いていたナオヒコくんたちも、リョウくんのことを少しは理解できたようです。

この事例では、担任教員が、高機能広汎性発達障害の子どもたちにはフラッシュバックが起こる可能性や、感覚過敏な場合もあることを知っていたので、適切に対応できました。しかし、こうしたことを知らないで、仮に、ナオヒコくんたちが口裏を合わせてリョウくんをいじめていると考えたらどうでしょう。ナオヒコくんたちは、当然のように担任教員に対して不満の気持ちをもってしまいます。こうしたことから、担任教員と子どもたちとの人間関係が崩れ、最悪の場合は学級崩壊へとつながっていくのです。

(6) ファンタジー

この子どもたちの中には、自分が興味のない授業中などにボーっとして心ここにあらずという状態が見られることがあります。ブツブツと独り言を言ってみたり、場に関係なく時おりニヤッと笑ったりすることもあります。現実の世界から離れて自分自身の世界に浸ってしまっているのです。頭の中は、自分自身の興味のあることやゲーム、テレビの場面などでいっぱいの状態です。こうした状態を自分自身のファンタジーの世界に入った状態ということがあります。こうしたときには、周りの状況は全くその子には入っていません。「何をボーっとしているの！」と叱っても意味はありません。大切な場面であるならば、肩などをそっと叩いて現実の世界に引き戻してあげましょう。ふっと我に返った子どもに「お帰り。楽しかった？」と声かけをしたことがあります。その子は一瞬、えっ、という顔をしましたが、すぐに「うん！」と答えてくれました。その後「さー、勉強するよ！」と言うと、うなずいて授業に戻ってくれました。こんな教員の側の余裕がこの子たちに安心感を与えます。

《文献》

※1　ニキ・リンコ『俺ルール！―自閉は急に止まれない』（二〇〇五年　花風社）

第3章
学習障害
(Learning Disabilities)

1 学習障害（LD）とは

（1）学習障害の定義

知的潜在能力自体には明らかな障害はないものの、計算、読字、書字など限られた領域における学習がうまくいかず、その結果学校生活を中心に少なからず不適応を示す一群の子どもたちがいます。一九五〇年代から一九六〇年代までこうした子どもたちは「微細脳障害症候群＝ＭＢＤ（Minimal Brain Dysfunction Syndrome）」などと呼ばれていましたが、一九六三年にSamuel Kirkが「学習障害（Learning Disabilities）」という言葉とともにその考え方を提唱し、一九六〇年代後半になり、H. R. Myklebustらが、その実態を明らかにするとともに考え方の普及を図り[※1]、この用語が次第に定着していきました。

それでは、学習障害とはどのような障害なのでしょうか。文部省に設置された「学習障害及びこれに類似する学習上の困難を有する児童生徒の指導方法に関する調査研究協力者会議」が一九九九（平成十一）年七月の報告の中で、学習障害についての定義を発表しました。まずその定義を見てみましょう。

学習障害とは、基本的には、全般的な知的発達に遅れはないが、聞く、話す、読む、書く、計算する又は推論する能力のうち特定のものの習得と使用に著しい困難を示す様々な状態を指すものである。
学習障害は、その原因として、中枢神経系に何らかの機能障害があると推定されるが、視覚障害、聴覚障害、知的障害、情緒障害などの障害や、環境的な要因が直接の原因となるものではない。

学習障害は、教育用語としてスタートしていますが、医学の世界ではどのように考えられているのでしょうか。現在、精神医学の分野で国際的に活用されている診断基準であるアメリカ精神医学会作成の「診断と統計のためのマニュアル」第四版・新訂版（DSM-Ⅳ-TR）では、その診断基準を次のように定めています。

学習障害（Learning Disorders）

●読字障害（Reading Disorder）

A　読みの正確さと理解力についての個別施行による標準化検査で測定された読みの到達度が、その人の生活年齢、測定された知能、年齢相応の教育の程度に応じて期待されるものより十分に低い。

B　基準Aの障害が読字能力を必要とする学業成績や日常の活動を著明に妨害している。

C　感覚器の欠陥が存在する場合、読みの困難は通常それに伴うものより過剰である。

●算数障害（Mathematics Disorder）

A　個別施行による標準化検査で測定された算数の能力が、その人の生活年齢、測定された知能、年齢相応の教育の程度に応じて期待されるものより十分に低い。

B　基準Aの障害が算数能力を必要とする学業成績や日常の活動を著明に妨害している。

C　感覚器の欠陥が存在する場合、算数能力の困難は通常それに伴うものより過剰である。

●書字表出障害（Disorder of Written Expression）

A　個別施行による標準化検査（あるいは書字能力の機能的評価）で測定された書字能力が、その人の生活年齢、測定された知能、年齢相応の教育の程度に応じて期待されるものより十分に低い。
B　基準Aの障害が文章を書くことを必要とする学業成績や日常の活動（例：文法的に正しい文や構成された短い記事を書くこと）を著明に妨害している。
C　感覚器の欠陥が存在する場合、書字能力の困難が通常それに伴うものより過剰である。

ＤＳＭ－Ⅳ－ＴＲでは、文部省の定義にある「聞く」「話す」は、別の障害であるコミュニケーション障害に分類され、学習障害は学力に限定したものとなっています。一方、文部省の定義は、ＤＳＭ－Ⅳ－ＴＲの診断基準である「読む」「書く」「計算する」の三つに「聞く」「話す」「推論する」などが加わったものであるともいえます。

さらに学習障害の定義には、文部省に設置された「学習障害及びこれに類似する学習上の困難を有する児童生徒の指導方法に関する調査研究協力者会議」が一九九五（平成七）年三月の中間報告の中で示した考え方があります。その定義を見てみましょう。

学習障害とは、基本的には、全般的な知的発達に遅れはないが、聞く、話す、読む、書く、計算する、推論するなどの特定の能力の習得と使用に著しい困難を示す、様々な障害を指すものである。
学習障害は、その背景として、中枢神経系に何らかの機能障害があると推定されるが、その障害に起因する学習上の特異な困難は、主として学齢期に顕在化するが、学齢期を過ぎるまで明らかにならないこともある。
学習障害は、視覚障害、聴覚障害、精神薄弱、情緒障害などの状態や、家庭、学校、地域社会などの環境的な要因が直接の原因となるものではないが、そうした状態や要因とともに生じる可能性はある。また、行動の自己調整、対人関係などにおける問題が学習障害に伴う形で現れることもある。

最終方向で修正された定義の内容にプラスして「行動の自己調整」や「対人関係」などが加わっています。

それではＤＳＭ－Ⅳ－ＴＲの診断基準を含めた三つの定義のうちどれが正しい定義なのでしょうか。現状ではどれが正しくどれが誤りであるとは言いにくいのです。学習障害と近似する障害である高機能自閉症やアスペルガー障害、注意欠陥多動性障害（ＡＤＨＤ）との関係をどのように考えるかによって学習障害そのものの定義が変わってしまうからです。第1章で近似の障害である学習障害、注意欠陥多動性障害、自閉症の関係図（25・26ページ図1－1、図1－2）を使い説明した、それぞれの障害の重なりの部分をどのようにとらえるのかという問題です。学習障害から見た場合に、どの部分が重なりどの部分が独立したものと考えられるのでしょうか。

学習障害には、「言語性学習障害」と「非言語性学習障害」の二つのタイプがあるといわれています。「言語性学習障害」とは、言語がベースとなる「読み」「書き」「算数」など、学習の基本的能力とされる事項の障害です。また「非言語性学習障害」とは、対人関係を中心とした社会性の障害や行動上の障害を指し示しています。この「非言語性学習障害」に含まれる障害は、前章で詳述した「自閉性障害」＝自閉症を中心とした広汎性発達障害そのものの障害特性でもあり、三つの障害の重なりの中に位置付いているものと考えられます。

一方、それぞれの症状が似通っていても、その障害の原因が異なっているのだから対応方法も異なるとする考え方もあります。こうした考え方も理解できないことではありませんが、一人ひとりへ異なる対応をするのは、通常の一学級の中に複数以上のこうした指導の難しい子どもたちが在籍する現状では、結果的に対応不能の状況となってしまいます。

そこで、本書では定義そのものを問題とするのではなく、より学校教育の現場の状況に合わせて、学習障害については、ＤＳＭ－Ⅳ－ＴＲの示す「読字障害」「算数障害」「書字表出障害」、すなわち「言語性学習障害」と位置付けられる「読み・書き・算数」にかかる障害に絞って考えていくこととします。学習障害児にも現れる様々な社会性や行動上の障害については第2章を参考にしてください。

(2)「認知」の障害

学習障害は、実際面では「読み・書き・算数」の障害の形で現れますが、こうした障害の背景にあるのは「認知」の障害といわれています。「認知」とは知識を得る働きで、いわば情報処理といえるでしょう。その情報処理の過程がうまくいかずに障害が生じてしまいます。学習障害に関係する認知には、「聴覚処理系の認知」と「視覚処理系の認知」が挙げられています。これらは、聞こえなかったり見えなかったりといった機能の問題ではなく、中枢神経系における処理の過程での問題であり、聞こえているはずなのに聞こえていない、見えているはずなのに見えていないという状態なのです。また、こうした聴覚系や視覚系の認知障害に加え、「空間認知」の障害や「短期記憶の弱さ」も関係していると考えられています。

■聴覚処理系の認知障害

聴覚処理系の認知障害とは、前章の自閉症の感覚障害の項でも挙げましたが、耳から入ってくる様々な音の大きさや強さがみな同じように聞こえてしまう障害と考えてよいでしょう。うまく聞き取れないゆえに、似た音を聞き間違えたり、一生懸命聞いていてもその内容が理解しにくいといったことが起こります。

　幼児期からこうした状態が続けば、例えば様々な物の名前を誤って覚えていたりして、わからなくなるといった、言葉の理解の障害が起こってしまいます。また、学校などでは、言葉だけの指示が入りにくくなったりして、その結果、勘違いのような行動をしたり、周りの行動を見ながら行動するために集団行動がとりにくいといったことも起こります。また、言葉中心の一斉授業ではその内容が十分に聞き取れないといったことも起こるはずです。

■視覚処理系の認知障害

　視覚処理系の認知障害は、見たいものに焦点が合わなかったり、他のもの

図 3-1：二つの図を分ける

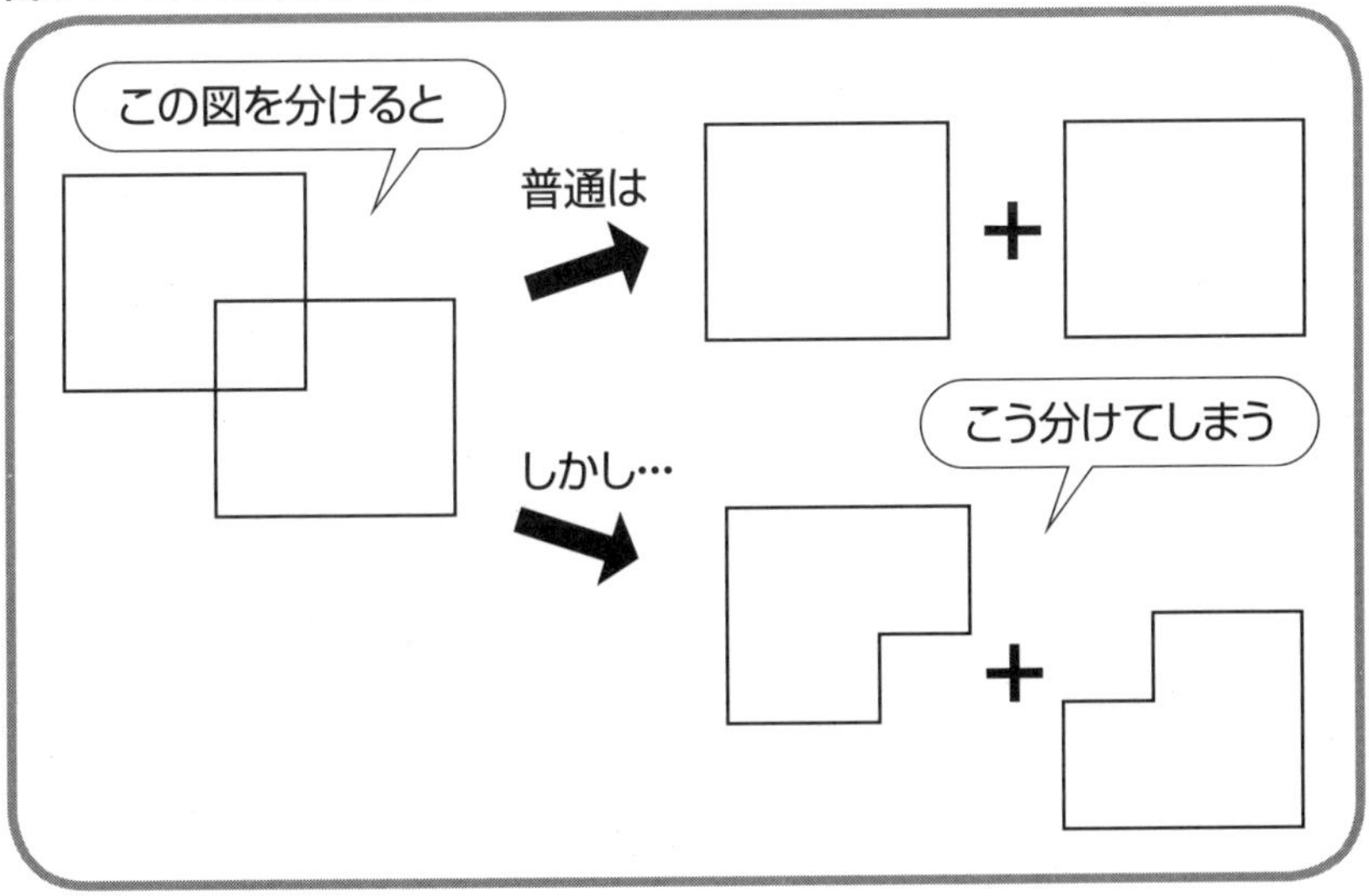
この図を分けると
普通は
しかし…
こう分けてしまう

と重なったりして十分に見えない障害だといえるでしょう。また、例えば図3－1のような重なった二つの図形をきちんと分けることができないようなことが起こります。これは、「図」と「地」の区別が十分に見分けられないといった障害でもあります。

このようなことが起これば、例えば教科書の文字を追えなかったり、行をとばしてしまったり、同じ行をもう一度読んだりすることが起こっても不思議ではありません。また、よく似た文字を読み間違えたり、漢字の細かいところが不正確になったりすることが起きてしまいます。

■空間認知の障害

空間認知の障害は「オリエンテーション障害」とも呼ばれるもので、物の位置関係、すなわち、上下、左右、前後、縦横、東西南北、遠近等をとらえることが難しい障害です。視覚処理系の障害とも関係しますが、文字の左右がはっきりせず「鏡文字」になったり、筆算の桁がずれやすい、横の式の位どりがうまくいかない、左右や前後関係がすぐにわからないといったことが起こります。

また、読み・書き・算数の学習障害とは直接関係しませんが、自分の体の部位の感覚が鈍かったり、教室の中の自分のロッカーの位置がわかりにくいといったことも起こりやすくなります。

■短期記憶の弱さ

短期記憶とは、必要な時間だけ覚えておき、用がすんだら忘れてもよい記憶のことです。例えば、会話をしているときに、相手や自分の言ったことを少なくともその会話が終わるまでは覚えていなければ、会話は成り立ちませんが、そうした記憶のことを短期記憶といいます。

この短期記憶が弱いと、繰り上がりのある足し算で繰り上がりを忘れたり、繰り下がりのある引き算で隣の桁からもってきた数を忘れるといったことが起こります。また、話しているうちに話題が次から次へとずれていってしまうことや、問いかけとは違ったいわゆるトンチンカンな返事をすることも起こります。

《文献》
※1　H.R.Myklebust, D.J.Johnson　*"LEARNING DISABILITIES-Educational Principles and Practices"*（一九六七年　Grune & Stratton Inc.）
邦訳は、森永良子・上村菊朗共訳『学習能力の障害―心理神経学的診断と治療教育』（一九七五年　日本文化科学社）

2 「読み・書き・算数」の障害

(1)「読み」の障害

読みの障害はDyslexia（ディスレキシア）と呼ばれてきた障害で、主として英語圏のアルファベットの読み方に関係した障害とされてきました。読みの障害は、話し言葉の発達に関係しています。話し言葉の発達には、聴覚系の情報処理が不可欠となります。例えば［apple］をリンゴと理解するためには［アプル］と「a」を「ア」と発音することが必要です。ところが、英語では頭文字に同じ「a」を使っても、例えば［acorn］（どんぐり）は［エイコーン］と発音します。こうした発音を覚えるにはまず聞くことが必要ですが、聴覚系の障害があれば［apple］をきちんと［アプル］と聞き取れないことになります。そうした状態の中では、［apple］を見て［エイプル］と発音してしまうことが起こってしまいます。

また、仮に［アプル］という音がリンゴを意味する言葉と知っていても、［apple］を見て［アプル］と発音できずに［エイプル］と発音してしまっては、［apple］がリンゴを意味する言葉とはわからないことになります。このように［apple］を見て［アプル］と読めることをphonemic awareness（言葉の発音を理解する力）といいますが、Dyslexiaの人には、このphonemic awarenessが十分備わっていないのではともいわれています。

このように英語ではその綴りにより読み障害が起こりやすいのですが、表音文字のひらがなや表意文字の漢字を使用する日本語では、読み障害は起こりにくいのではないかと思われていました。しかし、実際には日本語でも読み障害が起こります。英語では聴覚系の障害がその原因と考えられますが、日本語では視覚系の障害や空間認知の障害がその原因と考えられるのです。視覚系や空間認知の障害があれば、当然のように「あ」や「め」、「ろ」や「る」などのように似ている文字の弁別や、漢字の偏や旁の位置関係などの判別の難しさが起こりやすくなります。さらに、文章になれば、これは英文でも同様ですが、焦点が合いにくく、隣の行と重なり合って見えてしまうといった視覚系の障害があれば、行とばしなどの読みの障害が起きても不思議ではありません。また、一字一字は読めても、例えば「リンゴ」をひとまとめに読めずに「リ・ン・ゴ」とポツポツ読んだり、漢字仮名交じりの文も、例えば「青いけむり」を「青・いけむり」と「青い」をまとまりとして読めなかったりで、意味をとらえることができません。こうした言葉をまとまりとしてとらえられないのも、視覚系や空間認知の障害がその原因であろうと考えられます。

また、文章がある程度読めても、例えば、文章には「……思っていました」とあるのを「……思いました」などと、特に文末を勝手に作って読んでしまうことも多く見受けられます。

(2)「書き」の障害

書きの障害は、Dysgraphia（ディスグラフィア）といわれる障害で、一字一字の文字の型がきちんと書けない「書字」の障害や、「筋道をたてた文章」の書けない障害です。

このうち「筋道をたてた文章」を作るということは、自分の考えをまとめて文章に表す活動といえます。この活動のためには、話を聞いて理解する力や考えを言葉で表す力、さらに、一字一字の文字を書く力や書くという目や手などの動きを総合的に行う供応運動能力などの力が必要となります。「筋道をたてた文章」を書けない障害は、単なる「書きの障害」とはいえないので、ここでは一字一字の文字の型がきちんと書けない「書字」障害について考えることにしましょう。

この障害には、主として視覚系の障害と空間認知の障害が関係しています。ある文字を書くには、その文字を写し書きする以外は記憶の中から呼び出して書くことになります。前項で挙げた読みの障害があれば当然アウトプットは難しくなります。また、読めたとしても書くという動作の中で左右や上下といった空間認知の障害があれば、鏡文字や漢字の偏と旁の入れ替わりなどや、漢字の画が多かったり少なくなるといったことも起こってしまいます。さらに、読む段階での視覚や空間認知の障害などから、文字そのものをあいまいにしか記憶しておらず正確な文字が書けないということも起こります。例えば、健康の「けん」という文字を書こうとすると「健」「康」の双方の文字を混同して「健」の「聿」の部分が「康」の《ま垂れ》の中の「隶」に変わってしまうといったことも起こります。

(3)「算数」の障害

算数の障害は、数の大小がわからない、簡単な計算でも指を使う、繰り上がり・繰り下がりがわからない、計算はできるが文章題はできないなどといった算数にかかわる障害です。このうち、計算はできるが文章題はできないといったケースはどちらかと言えば「読みの障害」といえるでしょう。

また、例えば「1000－300＝」の計算式が示されると答えが出ないのに、「千円札を持ってお買い物に行きました。三百円のおもちゃを買いました。おつりはいくらでしょう」と口頭で質問すると、七百円と正解が返ってくる子どももいます。

算数を理解し進めていくためには、数学用語や操作を理解し進めていくための言語的な機能、物を数える力、大小や多少などの量の概念、「＋」「－」などの記号を理解し使用していく力、物をグループ分けする力、数字や図形を正しく写す力、繰り上がった数字などを忘れないでおく短期記憶の力など、より算数的で総合的な力を要求されます。このため、算数の障害には、視覚系や空間認知の障害、短期記憶の弱さなどが指摘されていますが、量の概念など、より数学的な脳の問題なども指摘されています。

算数の障害、中でも「計算障害」といわれる計算そのものの障害を考えると、視覚系や空間認知の障害も多く関係しているとは思いますが、まずは算数的なとらえ方の問題です。算数の障害のある子どもたちの多くは、位どりが不明確な場合が多く、例えば、「11」と表記された場合、それぞれの「1」のもつ意味がよくわからないといったことが多いのです。十進法をベースにしている算数では、一～九と十以上の数をきちんと分けていかなければ理解が難しくなりますし、「0」の概念も教えなければ「10」の意味もつかむことが難しくなります。このような一の位、十の位といった位どりを、マスを作ったりするなど視覚系や空間認知の障害に配慮しつつきちんと教えることがまず必要です。こうしたことは「数」というものを教えていくことにほかなりませんが、算数障害のある子どもたちはまずこのような数の概念がわかっていないことが多いのです。ついでながら言えば、小学校一年生の段階で学習障害とはいえないまでも算数の苦手な子どもたちの大部分が、この数の概念を理解できていません。

算数の障害は、こうした算数としての基本である数の概念の理解の難しさに加えて、読みや書きの障害と同様に聴覚系や視覚系、空間認知などの障害が複合的に関係した障害であろうと思われます。しかし、読み・書きの障害に比べると研究が不十分であり、はっきりとしたことがわからないというのが現状です。

▼「読み・書き・算数」の障害と脳

以上述べてきたように、読み・書き・算数の障害は、聴覚系、視覚系の言語発達や空間認知、さらには短期記憶など脳の様々な部位が統合連合して働かなければならない総合的な活動といえます。脳の機能とはどのように関係しているのでしょうか。

下の図3－2はドイツの神経解剖学者であるブロードマンが表した「ブロードマンの脳地図」と呼ばれている

図 3-2：ブロードマンの脳地図

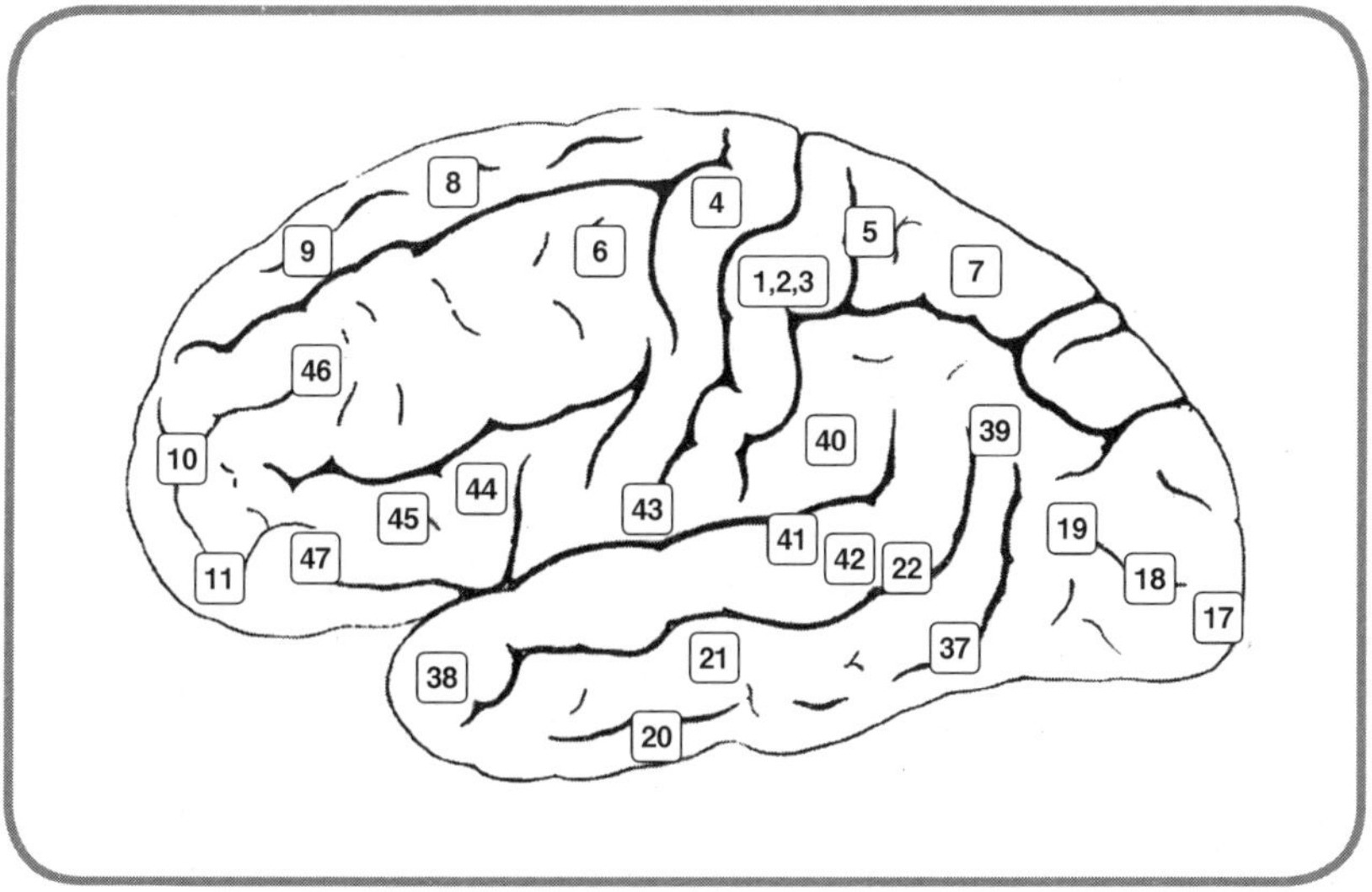

ものです。大脳皮質の表面を五十カ所の領域に区分し、1〜50の番号が付けてあります。

目から入った光（文字）は、後頭葉の視覚野（17野）に入り、次に視覚連合野である18・19野で合成され文字として見えることになります。さらに「角回」と呼ばれる39野で文字が音に変換され、音声言語を理解するウェルニッケ野と呼ばれる22野で理解されることになります。また、耳から入った音（話し言葉）は、聴覚野である41・42野で処理された後22野に入り、「縁上回」と呼ばれる40野で言葉として理解されます。[※1]

ここまでは少々専門的に過ぎましたが、この「角回」「縁上回」と呼ばれる39野と40野は視覚中枢や聴覚中枢と接し、さらに動きの処理をする頭頂葉の境目にあり、視覚、聴覚、動きの統合を行っていると考えられています。文字を読んだり書いたりするときに、この「角回」や「縁上回」に血流が集まり盛んに活動していますが、学習障害の人たちの場合、読んだり書いたりするときにこの部分の血流が悪く活動があまり行われていないことがわかってきています。[※2]

《文献》

※1　岩田誠『脳とことば―言語の神経機構』（一九六九年　共立出版）

※2　榊原洋一『脳科学と発達障害―ここまでわかったそのメカニズム』（二〇〇七年　中央法規出版）

第4章
注意欠陥多動性障害
(Attention Deficit Hyperactivity Disorder)

1 注意欠陥多動性障害（ＡＤＨＤ）とは

（1）注意欠陥多動性障害の定義

注意欠陥多動性障害は、不注意、多動、衝動性を主症状とする障害です。しかし、この不注意、多動、衝動性は子どもなら誰にでもある状態です。それも年齢が低ければ低いほど落ち着きがなく、集中力が続かず、多動なものです。それでは、子どもなら誰でももち合わせているこれらの状態を注意欠陥多動性障害ではどのように定義しているのでしょうか。アメリカ精神医学会作成の「診断と統計のためのマニュアル」第四版・新訂版（ＤＳＭ－Ⅳ－ＴＲ）における診断基準を見てみましょう。

●注意欠陥多動性障害 (Attention-Deficit Hyperactivity Disorder)

A. (1) か (2) のどちらか。

(1) 以下の不注意の症状のうち六つ（またはそれ以上）が少なくとも六ヶ月間持続したことがあり、その程度は不適応的で、発達の水準に相応しないもの：

▼不注意

(a) 学業、仕事、またはその他の活動において、しばしば綿密に注意することができない、または不注意な間違いをする。

(b) 課題または遊びの活動で注意をし続けることがしばしば困難である。

(c) 直接話しかけられたときにしばしば聞いていないように見える。

(d) しばしば指示に従えず、学業、用事、または職場での義務をやり遂げることができない（反抗的な行動、または指示を理解できないためではなく）

(e) 課題や活動を順序立てることがしばしば困難である。

(f)（学業や宿題のような）精神的努力の持続を要する課題に従事することをしばしば避ける、嫌う、またはいやいや行う。

(g) 課題や活動に必要なもの（例：おもちゃ、学校の宿題、鉛筆、本、または道具）をしばしばなくしてしまう。

(h) しばしば外からの刺激によってすぐ気が散ってしまう。

(i) しばしば日々の活動で忘れっぽい。

（2）以下の多動性‐衝動性の症状のうち六つ（またはそれ以上）が少なくとも六ヶ月間持続したことがあり、その程度は不適応的で、発達の水準に相応しない：

▼多動性

（a）しばしば手足をそわそわと動かし、またはいすの上でもじもじする。
（b）しばしば教室や、その他、座っていることを要求される状況で席を離れる。
（c）しばしば、不適切な状況で、余計に走り回ったり高い所へ上ったりする（青年または成人では落ち着かない感じの自覚のみに限られるかもしれない）。
（d）しばしば静かに遊んだり余暇活動につくことができない。
（e）しばしば〝じっとしていない〟、またはまるで〝エンジンで動かされるように〟行動する。
（f）しばしばしゃべりすぎる。

▼衝動性

（g）しばしば質問が終わる前に出し抜けに答え始めてしまう。
（h）しばしば順番を待つことが困難である。
（i）しばしば他人を妨害し、邪魔する（例：会話やゲームに干渉する）。

B．多動性‐衝動性または不注意の症状のいくつかが七歳以前に存在し、障害を引き起こしている。

C. これらの症状による障害が二つ以上の状況（例：学校（または職場）と家庭）において存在する。
D. 社会的、学業的、または職業的機能において、臨床的に著しい障害が存在するという明確な証拠が存在しなければならない。
E. その症状は広汎性発達障害、統合失調症、または他の精神科疾患（例：気分障害、不安障害、解離性障害、またはパーソナリティー障害）ではうまく説明されない。

このDSM－Ⅳ－TRの診断基準のAに示された（1）の「不注意」の各項目、（2）の「多動性」や「衝動性」の各項目は、その程度を別にすればどの子どもにも見られるものです。注意欠陥多動性障害とするためには、特にCやDの項目が重要になります。不注意といっても私たちも「うっかり」することは数多くありますが、その「うっかり」が社会の中での適応に何ら問題を起こしていなければ誰からも何も言われません。その不注意が周りとの関係でどの程度の不適応を起こしているのかが問題となるのです。多動性や衝動性の項目についても同じです。周りとの関係で適切な動きができなかったり、同年齢の子どもたちに比べてその行動が適切でないときに初めてその多動性や衝動性が問題となります。不注意があれば即ADHD、多動性があれば即ADHD、衝動性があれば即ADHDというわけではありません。

■不注意優先型、多動・衝動優先型

注意欠陥多動性障害は、不注意の程度がひどく、なおかつ多動があり衝動性が強いということではなく、ＤＳＭ－Ⅳ－ＴＲのＡの（１）に示された不注意の項目が六項目以上あればそれだけで「不注意優先型」の注意欠陥多動性障害といいます。また、（２）に示された多動性や衝動性の項目が合わせて六項目以上あればそれだけで「多動・衝動優先型」の注意欠陥多動性障害と呼びます。もちろん両者をあわせもった「混合型」の注意欠陥多動性障害もあります。

児童精神科医の司馬理英子は、漫画ドラえもんの登場人物の行動から「不注意優先型」のＡＤＨＤを「のび太型」、「多動・衝動優先型」のＡＤＨＤを「ジャイアン型」と名付け、注意欠陥多動性障害を「のび太・ジャイアン症候群」と名付けました。[※1]

■セルフコントロールの発達障害

注意欠陥多動性障害の研究をリードするRussell A. Barkleyは、ＡＤＨＤにおける不注意も多動・衝動も根は同じであるとした上で、行動をコントロールする①注意力を持続させることの困難、②衝動のコントロールまたは抑制の欠如、③過剰な活動、の三つの基本的能力に加え、④ルールや指示に従えないこと、⑤状況とくに課題に従事する際の反応のしかたが一定でないことを挙げています。

その上で、こうしたことは、状況または出来事への反応を自分自身でコントロールする力の障害であり、ＡＤＨＤはＤＤＳＣ（developmental disorder of self-control ＝セルフコントロールの発達障害）と呼ぶのが最も正確であり、注意欠陥多動性障害はセルフコントロールする力、意志力、こうすればこうなると予測して自ら行動を考えコントロールする能力の障害としています。※2

子どもが行動をコントロールするには、自分に話しかけることが重要な役割を演じます。しかし、ＡＤＨＤの子どもは、セルフコントロールのために自分に話しかける能力の発達に課題があります。Russell A. Barkley は、先に現れるのは衝動抑制力の不足で、それが自分への話しかけを有効に使うのを妨げ、そのためさらに衝動の抑制、セルフコントロール、行動の指針となる計画や目標を立てる能力などの発達が阻害される、としているのです。※2

(2) 他の障害との関係

注意欠陥多動性障害と近似する障害との関係はどのようになっているのでしょうか。第1章でも述べましたが、高機能自閉症やアスペルガー障害を含む高機能広汎性発達障害、学習障害とはそれぞれＤＳＭ－Ⅳ－ＴＲでも異なった診断基準はもつものの、学校での現場的な観察では重なり合う部分が数多く見られます。重なり合う部分の多くは第２章で述べたことですから、学校でこの子どもたちを指導したり接する場合にはそちらを参照してください。本章では注意欠陥多動性障害に見られる特徴的な行動等を中心に述べていくことにします。

《文献》
※１　司馬理英子『のび太・ジャイアン症候群』（一九九七年　主婦の友社）
※２　Russell A. Barkley *"Taking charge of ADHD : The Complete, Authoritative Guide for Parents"*（一九九五年　The Guilford Press）
邦訳は　海輪由香子訳『バークレー先生のＡＤＨＤのすべて』（二〇〇〇年　ＶＯＩＣＥ）

2 注意欠陥多動性障害の子どもたち

注意欠陥多動性障害の子どもたちは、どのような様子を示すのでしょうか。また、なぜそのようなことが起こるのでしょうか。

（1）注意を持続できない

この子どもたちには次のようなことがよく見られます。これらの問題は注意力や集中力に関係した問題です。

・宿題や課題をやり終えない。
・忘れ物が多い。
・よくものをなくす。

・同じ指示が何度も必要。
・一つのことをやり終えないうちに次のことを始める。
・言うことを聞いていない。
・誰かがそばについていないと一人では作業できない。
・授業中にボーっとして夢を見ているよう。

注意欠陥多動性障害の子どもたちは、一定の時間一つのことに注意を払い続けることが難しいのです。しかし、行おうとしていることが重要なことなのかそうでないのかを区別できないわけではありません。そうした情報を把握し選択する能力には全く問題はありません。重要なことだとわかっていても、それを続ける努力を続けられないということなのです。

注意欠陥多動性障害の子どもたちは、今していることが終わらないうちから、もっとおもしろそうで、刺激的に思えることを求めてしまいます。そして、座っているよりも体を動かせることに向かいます。絶えず、おもしろそうなこと、自分自身が満足を得られそうだと思われることに次から次へと移っていってしまいます。授業中の教室から飛び出した子どもが一目散で校庭のブランコに走ります。その子どもがずーっとそのブランコに乗り続けていたら自閉的な障害のある子ども、ブランコに乗っていたと思ったら、次は滑り台、次はジャングルジムと次から次へと変わるようなら注意欠陥多動性障害の子どもといわれているくらいなのですから。

それでは一つのことを続けさせたいときにはどうすればよいのでしょうか。今していること以外の刺激をすべて取り払えばよいのでしょうか。Russell A. Barkley は「(刺激を取り除くと) ＡＤＨＤの子どもはさらに落着きがなくなり、さらに注意が散漫になります。刺激を減らされると、ＡＤＨＤの子どもにとっては注意を払うのがもっと難しくなるのです。(中略) 刺激が増えるとＡＤＨＤの子どもの注意力は高まり、間違いも減ることを示す研究がたくさんあります。ということは、明らかに、与える作業に目新しさ、おもしろさ、刺激を加えるようにすればよいのです。また、作業をやり終えたら、時間をおかずにほうびを与えるようにすると効果があります。作業を分割し、合間に息抜きができるようにすると効果があります[※1]」と言っています。このような考え方を利用した例として次のような例があります。

一年生のユキエさんは、算数の十問ドリルが最後までできたことがありませんでしたが、担任の先生が集中力のもつ時間内でできるようにと二問ドリルに変えたところ、その二問はできました。出来上がったところでたくさんほめて次の二問へ。三カ月後には十問ドリルができるようになりました。

(2) 多動や衝動をコントロールできない

注意欠陥多動性障害の子どもたちを担任している先生方から、この子たちについて次のようなことをよく聞きます。

・じっと座っていられずもじもじし、いすをガタガタしている。
・貧乏ゆすりを年中している。
・おしゃべりのしどうし。
・すぐに高い所に登りたがる。
・いつも興奮して動き回る。
・いつも鼻歌を歌ったり変な鼻音を立てている。

注意欠陥多動性障害の子どもたちに特有な多動の様子を言い表しています。また、この子どもたちに対しては次のようなこともいわれます。注意欠陥多動性障害の衝動性を言い表している言葉です。

・質問が終わる前に出し抜けに答えだす。
・話題を急に変えてしまう。
・順番を待てずに横入りしたり一番前に行ってしまう。
・欲しいものはすぐその場で欲しがる。
・ゲームや遊びの最中にいきなり自分のしたいことを言ったりする。

このような多動で衝動的な行動はどうして起きるのでしょうか。多動も衝動も、行動すべてが過剰なのだといえます。行動についての抑制力の弱さ、「場」の理解の弱さとしか言いようがありません。障害のない子どもたちは、年齢が進むにつれて、自分で思っても考えても、その「場」を理解し、今言っていいこと、やってはいけないことを理解し我慢します。この我慢は自らの行動や言動をコントロールするということです。

もう一つは、一つの行動から次の行動に移るときに気分のコントロールがしにくいという問題です。休み時間の興奮状態を授業時間にまで持ち越してしまう結果、教室の中でも多動で衝動的になってしまうと考えられています。

(3) 反抗挑戦性障害から行為障害、さらに……

注意欠陥多動性障害の子どもたちは、その障害ゆえに親との間の愛着形成の遅れや、小さい時から叱られ続けられたことによる「大切にされ感」の欠如などにより、悪い自己イメージを持ち続けることが多いのです。その結果、世の中を敵視したり、大人に対する反抗を起こしやすくなります。とりわけ、自己抑制力の低さが課題の注意欠陥多動性障害の子どもの中には、一連の破壊的行動障害（Disruptive Behavior Disorder＝ＤＢＤマーチ）が、年齢を追って現れる危険性があるといわれています。※2

図４－１は、ＡＤＨＤの中の一部が「反抗挑戦性障害」に進み、そのうちの一部が「行為障害」に進み、さらにそのうちの一部が「反社会性パーソナリティー障害」に進んでいくことを示しています。

この図の中の「反抗挑戦性障害」は、文字通り大人などへの反抗の範囲内で今風に言えば「切れやすい」という状態ですが、「行為障害」になるといわゆる「非行」の状態になり、さらに「反社会性パーソナリティー障害」になるとまさに犯罪そのものになってしまいます。「反抗挑戦性障害」「行為障害」「反社会性パーソナリティー障害」のそれぞれのＤＳＭ－Ⅳ－ＴＲの診断基準については巻末資料を参照してください。

注意欠陥多動性障害の子どもの場合は、次章で扱う「被虐待児」に比べれば、「反社会性パーソナリティー障害」にまで進むケースは少ないといわれています。しかし、こうしたことも頭において、早めから適切な指導をすることが必要になります。適切な指導には、何よりも本人の障害を理解し、叱ることよりもほめる指導への切り替えを図り、本人に周囲のみんなから大切にされているという「大切にされ感」を育てることに尽きると考えます。

図 4-1：一連の破壊的行動障害の流れ

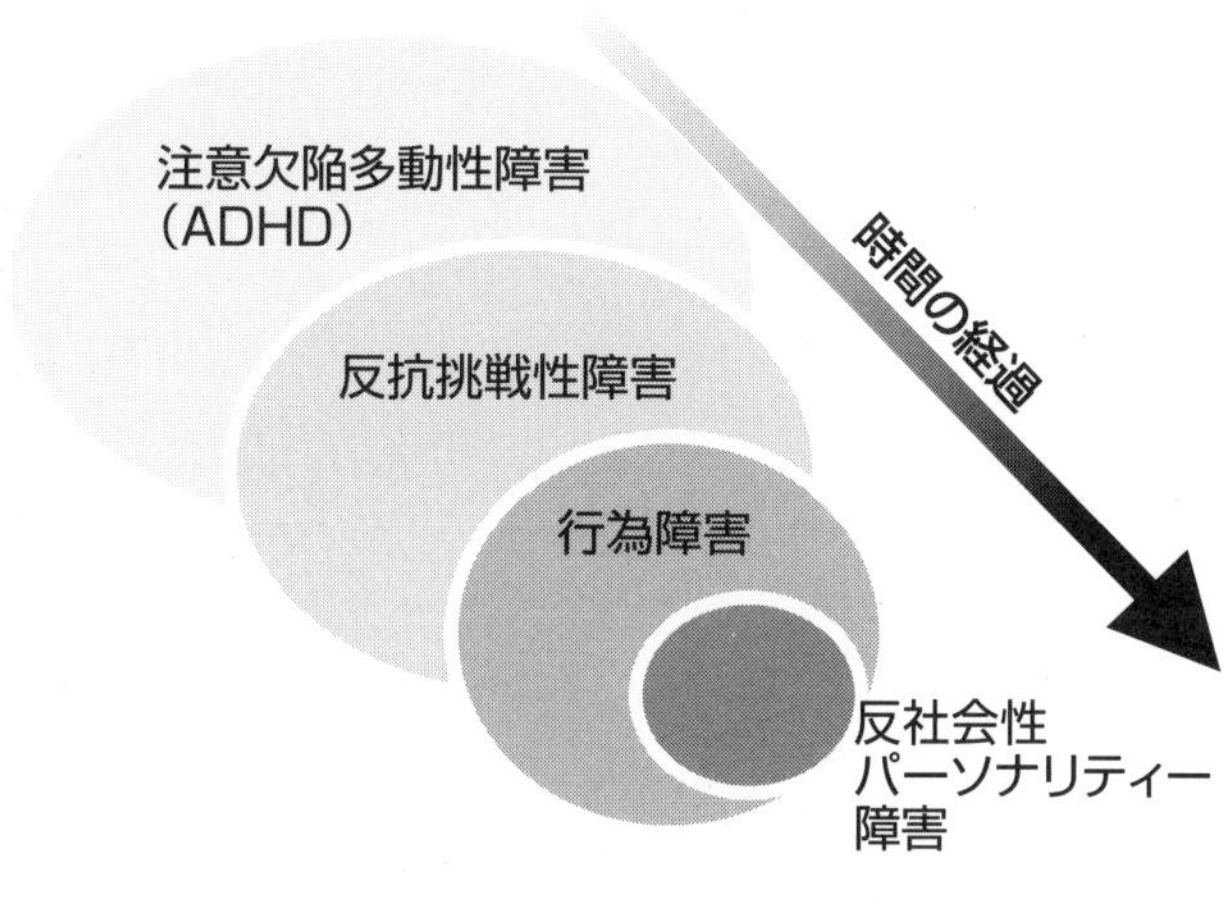

原田謙作成の図をもとに改編

《文献》

※1　Russell A. Barkley　*"Taking charge of ADHD : The Complete, Authoritative Guide for Parents"*（一九九五年　The Guilford Press）
邦訳は　海輪由香子訳『バークレー先生のＡＤＨＤのすべて』（二〇〇〇年　ＶＯＩＣＥ）

※2　原田謙「ＡＤ／ＨＤと反抗挑戦性障害・行為障害」（二〇〇二年『精神科治療学』17(2)　星和書店）

3 注意欠陥多動性障害と医療

(1) 注意欠陥多動性障害と遺伝性

注意欠陥多動性障害は、発達障害といわれる様々な障害の中でも医学的研究が進み、その原因などが特定されつつあります。中でも遺伝性についてはいくつかの関係する遺伝子も見つかり始めています。

ＡＤＨＤが疑われる子どもの保護者の方をお呼びしてお話を伺うと、「うちの夫も子どものころはこの子と同じように落ち着きがないって、年中先生に叱られてたって言ってます。だから、何でもありませんよ。仮にＡＤＨＤであったとしても夫はちゃんと働けているんだから心配していません」というお母さんからの答えが返ってくることも珍しくありません。また、お話しに来られたお父さんやお母さんが落ち着きなくそわそわしていることも多いのです。しかし、すべての注意欠陥多動性障害がこの遺伝性で説明できるわけではありませんので、注意が必要です。

(2) 注意欠陥多動性障害と薬物療法

脳の神経細胞は、刺激を伝達する際に一つの細胞の中での刺激伝達を電気的信号で行いますが、次の神経細胞との間には隙間があり、電気信号は通じません。そのため、はじめの細胞の末梢(シナプス)は電気信号が伝わると次の細胞に向けて化学物質を放出します。これが伝達物質と呼ばれている物質です。この伝達物質が次の神経細胞に一定量届くと、その細胞はまたその細胞内を電気信号で刺激を伝達していきます。この繰り返しによって、一つの刺激がいくつかの神経細胞を通り必要な細胞へと伝わっていきます。

この何種類もある伝達物質の中に「ドーパミン」や「ノルアドレナリン」という物質があります。この物質が足りなくなると多動や不注意の状態になることが様々な実験で確かめられています。

注意欠陥多動性障害児の中には、この伝達物質が不足しているのではないかと疑われる子どもたちがいます。はじめの神経細胞からドーパミンなどの伝達物質が放出されると、すぐにドーパミンなどとくっつき、もとの神経細胞に取り込みなおしてしまう「ドーパミン・トランスポーター」などと呼ばれる物質があります。その後の研究で、このトランスポーターが注意欠陥多動性障害児は障害のない人以上に放出され、必要な量の伝達物質が次の細胞に届かないという状態が作り出されていることが明らかになってきたのです。

このため、このトランスポーターの働きを弱め、ドーパミンなどの伝達物質を活性化させる薬物が注目されるようになりました。この薬物が中枢刺激剤である「塩酸メチルフェニデート」です。商品名を「リタリン®」といいますが、これは弱いながらも覚醒作用とともに依存性のある薬です。このため、悪用する者も数多くおりその使用が制限されるとともに、わが国ではＡＤＨＤの薬品として保険適用されていませんでした。しかし、一部の注意欠陥多動性障害児には劇的な効果があるといわれています。そこで、最近になって、成分は同じ塩酸メチルフェニデートですが徐放性（徐々に成分が溶け出す）の商品「コンサータ®」が作られました。この薬は錠剤ですが砕けず水にも溶けないため悪用がしにくい製品ですが、胃液には溶けるのでその効果は「リタリン®」とは変わりません。また、ＡＤＨＤの薬として保険適用にもなりましたが、依存性などについても「リタリン®」と変わりませんので、医師の厳重な指導のもとでしか服用できません。

塩酸メチルフェニデートは一部の注意欠陥多動性障害児には効果があるといわれていますが、教員が保護者にその服用を勧めるなどということは決してあってはならないことです。ただし、保護者からこの薬の服用をしていることを伝えられた際は、その子どもの様子を注意深く見守り、マイナスと思われる何か変わったことがあったらすぐに保護者に伝えたいものです。

第5章
被虐待児

1 虐待とは

教室の中で子どもたちを見ていると、発達障害児と同様の行動を示す指導の難しい子どもたちの中に、家庭環境の難しい子どもたちが数多くいることに気付きます。中にはなんとなく愛情不足なのではと思われる子どももいます。こうした子どもたちの中には、直接的に虐待を受けている子どもたちもいますし、その家庭環境ゆえに結果的に虐待を受けているのと同様の生活を送っている子どもたちもいます。

特別支援教育に関係して「虐待」には二つの問題があります。一つは、今まで述べてきた高機能広汎性発達障害児、学習障害児、注意欠陥多動性障害児などのいわゆる発達障害児は、障害のない子どもたちに比べ虐待を受けるリスクが高い点です。もう一つは、発達障害のない子どもが虐待を受けると自閉症や注意欠陥多動性障害と同様な障害をもち、教育指導が大変に難しくなる点です。当然、他の発達障害児同様に支援の必要な子どもたちです。杉山登志郎は「子ども虐待」を「第四の発達障害」と位置付け、その対応の必要性を訴え続けています。[※1] それでは「虐待」とはどのような状態を指すのでしょうか。

児童虐待というと、親から殴られたり、たばこの火を押し付けられたりなど身体的な虐待を思い浮かべることが多いのですが、児童に対する虐待はそれだけではありません。「児童虐待の防止等に関する法律」では、その第二条「児童虐待の定義」で、児童虐待とは保護者がその監護する児童に対し、「身体的虐待」「性的虐待」「ネグレクト」そして「心理的虐待」行為の四点を挙げています。それぞれについて見てみることにしましょう。

（1）身体的虐待

児童虐待の防止等に関する法律では、身体的虐待を「児童の身体に外傷が生じ、又は生じる恐れのある暴行を加えること」と定義しています。

具体的には、叩く、蹴る、つねる、殴る、激しく揺さぶる、振り回す、投げ飛ばす、噛む、縛る、水につける、たばこの火を押し付ける、首を絞めるなど、文字通り身体的な虐待です。学校などでは、体に火傷の跡があったり、痣があったりすることで「身体的虐待」の疑いのある子どもを発見することができます。しかし、中には洋服を着れば見えない部位に対して重点的・集中的に暴行を加えることもありますから、こうした点にも注意しなければなりません。

(2) 性的虐待

法律では性的虐待を「児童にわいせつな行為をすること又は児童をしてわいせつな行為をさせること」と定義しています。

具体的には、直接児童に対して性的暴行を加えること、他の者による性的暴行を強要すること、ポルノ撮影（動画やスチール写真など）の被写体にさせることなどが挙げられます。また、対象となるのが女児だけと考えられることも多いのですが、男児もその対象とされます。性的虐待を受けた子どもの精神的ショックは計り知れないものがありますが、それゆえに表面にはそうした事実を出さないことが多く、学校などでの発見は難しいのが実際です。

(3) ネグレクト（養育の拒否や放置）

法律ではネグレクトを「児童の心身の正常な発達を妨げるような著しい減食又は長時間

の放置、保護者以外の同居人による前二号又は次号に掲げる行為（筆者注：身体的虐待、性的虐待、心理的虐待をいいます）と同様の行為の放置その他の保護者としての監護を著しく怠ること」と定義しています。

具体的には、食べ物やミルクを与えない、衣服を着替えさせない、シャワーを使わせなかったりお風呂に入れない、学校に行かせない、部屋に閉じ込めておく、危険な場所（例えばベランダなど）に放置しておく、医者に診せないなどが挙げられます。また、同居の愛人などの子どもへの暴力を見過ごしにするなどもこのネグレクトに含まれます。学校などでは、就学名簿にあるのに何の連絡もなく学校に来ないことや、仮に通学していても衣服が着替えられておらず汚いまま、首筋などに垢がたまっており臭い、給食の際はがむしゃらに食べることなどにより、ネグレクトの疑いのある子どもの発見ができます。

(4) 心理的虐待

法律では心理的虐待を「児童に対する著しい暴言又は著しく拒絶的な対応、児童が同居する家庭における配偶者に対する暴力（配偶者〈婚姻の届出をしていないが、事実上婚姻関係と同様の事情にある者を含む。〉の身体に対する不法な攻撃であって生命又は身体に危害を及ぼすもの及びこれに準ずる心身に有害な影響を及ぼす言動をいう。）その他の児童に著しい心理的外傷を与える言動を行うこと」と定義しています。

具体的には、直接子どもに対してその存在を無視する、おびえさせる、罵声を浴びせる、ひどい言葉でなじる、無理強いするなどが挙げられます。また、子どもの前で繰り広げられる家庭内暴力（ドメスティックバイオレンス）や離婚に向けた両親ののしり合いなど、子どもの心理に深刻な影響を与える行為も含まれます。学校などでは、突然目立とうとする言動があったり、担任の先生に極端にベタベタとくっついてくるなどの行動で心理的虐待を受けている子どもの発見ができます。

《文献》

※1　杉山登志郎『子ども虐待という第四の発達障害』（二〇〇七年　学習研究社）

2 発達障害児と虐待

高機能広汎性発達障害児や学習障害児、注意欠陥多動性障害児などは、全般的な発達や言葉の発達に遅れがないために一歳半検診や三歳児検診ではその障害が指摘されず、また保護者やその周囲にいる祖父母などの家族も障害があることには気付かないまま一定の年齢まできてしまいます。

全般的な発達や言葉の発達に遅れはないといっても、前章までに述べてきたように様々な障害があることには変わりありません。表面的には指示に従えない身勝手な行動ばかりしたり、公共の場で走り回ったり大声を上げたり、年齢に似つかわない生意気なもの言いなどが目立つ子どもたちです。保護者はそのたびに叱りつけますがもちろん効果はありません。また、自閉症の「社会性の障害」の項で述べましたが（46ページ）、この子どもたちは新生児の時から抱かれにくかったり、目が合いにくかったりと母親との愛着形成の難しい子どもたちです。その結果、体罰＝身体的虐待や心理的虐待に発展してしまう恐れが強いのです。

こうした子どもたちが結果的に虐待と同じ状態にあえば、他の人との関係作りなどはますます難しくなってしまいます。

子どもたちが育つためには、周囲の人たちから大切にされているという「大切にされ感」を育てることが必要です。発達障害のある子どもたちにも、この「大切にされ感」は何よりも必要なことなのです。そのためには、できるだけ早い段階で、保護者がわが子は発達障害であると認識する必要があります。危険なことなどはきちんと指導しなければなりませんが、発達障害であることがわかれば対処の仕方が違ってきますし、少しでもよい行動があればほめることもできるようになり、結果として「大切にされ感」が育ってきます。そのためにも、知的障害の比較的少ない発達障害児を早めに診断できるシステム作りが何よりも求められています。

3 被虐待児の示す障害

高機能広汎性発達障害や注意欠陥多動性障害など比較的知的障害のない発達障害の診断を受けていない被虐待児の中にも、多動で衝動的な発達障害と似た様子を示す子どもたちが数多く見られます。

杉山登志郎によると、被虐待児は、「多動性行動障害を呈するものが非常に多く、衝動コントロールが不良でささいなことから相互に刺激し合い、ときにはフラッシュバックを起こし、大げんかになるかフリーズを生じるといった状況を、毎日のように繰り返している。また衝動的な盗みなども多発する傾向がある。さらに、予測をたてたり整理をしたりといったことが著しく不得手な子どもが多い」とし、年齢による症状の推移として「子ども虐待の影響は、幼児期には反応性愛着障害として現れ、次いで小学生になると多動性の行動障害が目立つようになり、徐々に思春期に向けて解離やストレス障害が明確になり、その一部は非行に推移していく」としています。[※1]第4章で述べた「一連の破壊的行動障害の流れ（DBDマーチ）」（128ページ）にのって、行為障害や反社会性パーソナリティー障害に至ってしまう危険性は注意欠陥多動性障害よりもずっと高いのです。

（1）反応性愛着障害

子どもたち、特に乳幼児は、母親を中心とした保育者との間で絆ともいうべき愛着関係を形成していきます。そして、自分が不安や恐怖感をもったときに、母親など愛着者をじっと見つめたり（「定位行動」）、鳴き声を上げたり声をかけたり（「信号行動」）、愛着者を後追いしたりしがみつこうとしたり（「接近行動」）します。こうした行動を愛着行動と呼びます。また、三歳を過ぎたころからは、直接愛着者がそばにいなくても、愛着者を思い浮かべれば安心といった状態になります。対人関係だけでなく、子どもが育つすべての基になるものだといえるでしょう。

ところが、五歳以前までにこうした愛着行動が作れない状態を「反応性愛着障害」と呼びます。被虐待児は、最も愛着をもち安心を与えてくれるはずの保護者から虐待を受けるわけですから、当然のように「反応性愛着障害」に陥ってしまいます。

この「反応性愛着障害」は、対人関係の障害を起こすだけでなく、他者に無関心な状態を示し高機能広汎性発達障害と同様な状態を示したり、衝動をコントロールする力に障害をきたし、注意欠陥多動性障害と同様な状態を示してしまいます。

(2) 解離性障害

解離は、心的外傷（トラウマ）から自らを守るために、そのつらい体験を記憶や意識から切り離してしまうという障害です。症状としては、記憶がとんでしまうブラックアウト、ある年代の記憶が全くなくなる自己史記憶の空白、気付いたら全く別の場所におりその間の記憶がない解離性遁走、没我状態に陥るトランス体験、一人の中に別々の人格が現れる解離性同一性障害など様々な症状が表れます。

虐待を受けている状況の中では、意識をとばしてしまい、その場から意識だけでも逃れるという状況を作らなければ耐えられないであろうことは容易に想像できます。また、そのつらい体験から逃れるためにその記憶を自らの中から切り離さざるを得ないということも十分考えられます。

ある五年生の女児は、ひどい虐待を受けて育ったため、両親から離れて施設で生活をしていますが、学校では一日中「猫」になり、教室の後ろに座布団を敷いてその上に丸くなって過ごし、移動も猫のように四本足で歩くという生活を繰り返していました。これも解離性同一性障害の一種であり、特に子どもたちでは別人格が人間ではなく動物になってしまうことも多いのです。

《文献》

※1　杉山登志郎『子ども虐待という第四の発達障害』（二〇〇七年　学習研究社）

4 被虐待児へのケアと指導

被虐待児に対しては、まず安心して生活できる場の確保、愛着形成の作り直し、遅れている学習への支援そして専門的な精神科的支援などが必要になります。

（1）安心して生活できる場と愛着形成の作り直し

被虐待児のケアに当たって最も基本となるのは、より安全な場所での生活であり、被虐待児にとって愛着形成の作り直しのできる場所での生活ということに尽きます。

ところが、里親の制度にしても、児童施設にしても、わが国ではその制度やシステムが十分ではなく、虐待の場から切り離しても、愛着形成のし直しが難しいといった現実が横たわっています。

被虐待児の多くは愛着形成が十分にできなかったため、里親などの新たな愛着提供者を抑圧者と取り違え、拒否する一方で、見ず知らずの人にまとわりつくといった「逆説的愛着」の状態を示すことが多いようです。また、こうしたことがあってもその行動の意味を説明できる人が用意されていないなど里親等への支援が十分でないため、里親になってくれた人との関係がうまくいかないといったことが起こってしまいます。また、児童福祉施設等では指導員の数が十分ではなく、愛着形成の作り直しどころか、強い子どもが弱い子どもを攻撃するという子ども間暴力の問題が起きているのです。

しかしそれでも、現に行われている虐待の場所からの回避はこの子どもたちにとっては極めて大切なことです。学校では、虐待の疑われる子どもがいる場合には躊躇することなく児童相談所などに通告し、権限をもって調査してもらうことが必要です。結果的にそのような事実がないのであれば、別の指導が必要になるのですから。

(2) 学習等の支援（学校でできること）

被虐待児に対して学校ではどのようなことができるのでしょうか。

もちろん、一人一人を「認めて」あげるとともに「大切にされ感」を育てることは何よりも大切なことです。学校に来れば認めてくれる人がいる、大切にしてくれ守ってくれる人がいるという思いを育て、確かなものとしていくことが求められています。しかし、このことは決して容易にできることではありません。子ども自身にそうした思いを受け止めるベースができあがっていないからです。それでも繰り返し接していく努力を続けたいと思います。

また、杉山登志郎は「(学習の遅れの)問題が深刻なのは、特に国語力の不足が内省の不足をもたらし、多動や行動化傾向に拍車を掛けるという悪循環を生むからである。国語力と内省力は必ずしも同じではないが、国語力が基盤となることは疑いない。低学力は自立の足を引っぱり、次の世代への悪影響にもなりやすい。被虐待児にきちんと勉強を教えることは、被虐待児への包括的ケアの中で重要な課題であると思う」※1と指摘しています。まずは、どの子どもにも大切なことですが、この子どもたちに対しては特に基礎学力の指導を丁寧に行うことが大切です。

(3) 専門的な支援

被虐待児に対する支援には大変に難しいものがあります。前項でも述べたように学校でもできることはありますが、この子どもたちにとっては精神科医による専門的な支援が必要です。それだけ、本人にとっての心理的なダメージは大きく深刻なものであるということです。

児童福祉施設等から通学している被虐待児がいる場合には、施設等と頻繁に連絡をとり、特にできれば施設の相談医等の精神科医と連絡を取り合い、その指導に基づいて子どもへの教育活動ができるように努力していくことが大切です。

《文献》

※1　杉山登志郎『子ども虐待という第四の発達障害』（二〇〇七年　学習研究社）

第6章
教室での指導の進め方

1 指導の基本

高機能広汎性発達障害児や学習障害児、注意欠陥多動性障害児たちには、教室でどのような指導をしていけばよいのでしょうか。それぞれの障害特性や実態についてはそれぞれの章で述べてきましたし、対応の仕方もその実態等に合わせて述べてきたつもりです。教室での指導に当たっては、一人ひとりの障害の様子やニーズによって異なってきますので、その子どもに合わせた指導の工夫が必要となります。そこで本章では、指導に当たって基本となることや工夫するに当たってヒントとなりそうなことをまとめていきます。障害のある子どもたちだけでなく、教室の中のすべての子どもたちにとっても大切なことばかりです。

（1）声かけの基本

この子どもたちには、まず声かけする際の配慮が大切です。内山登紀夫他著『高機能自閉症・アスペルガー症候群入門』[※1]を参考にさせていただきながら、声かけするときに注意しなければならないことをまとめてみます。

①あいまいな表現は避け、見通しのもてるような声かけをする。

↓特に予定にかかわるようなことは、可能ならば○時○○分までや時計の長い針が○○までというような言い方をした方がよいでしょう。

②いやみや皮肉は通用しないので使わない。
また、言外に意味のある言葉も通じにくいので使わない。

↓やってはいけないことははっきりと「ダメ」ということが大切です。ズバッとしたもの言いをした方が通じます。

③ほめるときには、何がよかったのかその理由をわかるように伝え、徹底的にほめる。

↓やってはいけないこと、言ってはいけないことを一般化し推測して行動を抑制することが難しい子どもたちですが、ほめられそうな同様な行動は、次もほめてほしいという気持ちから一般化しやすいものです。そうしたことから、ほめる理由を明確に伝え、同じような行動ができたらうれしいという気持ちも合わせて伝えることが大切です。

④ゆっくり短い言葉で指示を出す。大声より小声の方が通じることが多い。

↓聴覚にかかわる感覚異常がある場合が多いことと、言葉そのものにこだわることが多いので、はっきりと伝えることが必要です。大きな声は頭の中で反響してしまうことが多いようです。

⑤一度に複数の指示を出さない。どうしても同時に複数の指示を出さなければならないときには紙などに書いて示す。その際、余計なことは書かないことも大切。また、時間を追って「↓」などを使いわかりやすく簡明なものにする。

↓複数の指示の中身の一つひとつを別々に言えばそれぞれ理解できます。しかし同時に言われると混乱してしまいます。シンプルな指示ほど通じます。また、順を追って紙などに書けばそれも通じます。ちょっとした配慮で通じることは多くなります。

⑥全体への指示は自分にも話されていると思っていないことが多い。全体に指示した後、個別に声かけする。

↓全体への指示を簡潔にして個別に言い直せば指示は十分に通じます。

⑦禁止や制止は命にかかわること以外は極力使わず、やってほしいことを言った方がよい。

↓今まで禁止や制止の言葉を嫌なほど味わっています。そのため「大切にされ感」をもっていない場合が多いのです。「ダメ！」という前にこうしてほしいと思うことを言えば十分通じます。できたらしっかりとほめることが大切です。

（2）接し方の基本

この子どもたちに接するときには、次のようなことに注意しましょう。

①励ますなどの目的はあっても気楽に肩などを叩かない。肩に手を置かない。

↓この子どもたちの多くは触覚が過敏すぎるほど敏感です。親しみをこめて軽く触れても痛さを感じることが多いようです。肩に置いた手を振り払うこともあります。また、そうしたことをしなくても、そうしたことをする人を避けるようになってしまいます。

②気楽に手をつなごうとしない。

安全の確保のため手をつながなければならないときは、強すぎるかなと思える程度にぎゅっと握る。

↓理由は前の項目と同じです。低学年では、子どもたち同士で手を握らせて歩くこともありますが、こうしたことも嫌う場合が多く、子どもたち同士のトラブルの原因になる可能性もあるので注意しましょう。軽く触れられると痛みを感じる子どもの中には、逆に強く触れられたり握られたりした場合、痛みを感じない子どもがいます。

③耳元で大きな声を出さない。

↓この子どもたちの多くは、触覚同様、聴覚の過敏な子どもも多くいます。大きな声や音を痛いと感じる子どもも多いのです。

④無理に目を合わそうとしない。

↓この子たちの中には、目の合いにくい子どもが数多くいますが、こちらが気付かなくても相手はきちんと見ています。また、無理に目を合わすことを嫌いますし、合わそうと指導すれば顔を触るなどをしなければならなくなります。触覚は過敏なことは前述しました。

⑤体調に気を配る。

↓この子たちの多くは疲れに対して鈍感な場合が多く、限界まで興味のあることをし続けることがあります。そのため、体調が極端に悪くなることがありますが、そのことにも鈍感である場合が多いので発熱などに気を配ることが大切です。

（3）学習指導を始める前に

教室で実際に学習指導を始める前にしておくべき基本的なことがあります。

①座席は、教員が目を配り支援をしやすい位置にする。出入り口からは遠く、窓際も避ける。

→隣席の子どもとの関係に配慮し、ボーっとしているときにすぐに声をかけやすい位置にするとともに、気が散りやすい出入り口や窓際は避けた方がよいでしょう。その子どもの体格にもよりますが、はじめは教卓の前などがよいと思います。様子を見ながら座席の位置を変えていきましょう。

②持ち物が整理できるような工夫が必要。

→物の整理が苦手な子どもが多く、すぐになくしたり、なくしても気付かずに使うときになって大騒ぎするといったことが多いものです。小箱で仕切った大きな箱を机の中に用意し、その小箱の底に入れる物の絵を描いたり文字を書いたりするなどの工夫が必要です。教室の後ろなどにある個人ロッカーにも同様な工夫をしましょう。また、整理できる時間がないときのために机の脇に大きめの段ボール箱などを置いて、とりあえず仕舞えるような工夫も必要かもしれません。

③できるだけ気の散らない教室環境を作りだす。

↓目から入る情報に左右されやすいので、掲示物は極力教室の前面に掲示しないような工夫や、教室前方に置かなければならない戸棚などがある場合は中が見えないようにする工夫が必要です。また、座ると目に入ってしまう窓には紙などを貼ることも考えられますが、貼った紙のしわが気になるといったこともあるので貼り方にも注意が必要です。可能ならば道路からの車の音などが聞こえにくい部屋にすることも気を散らさない工夫の一つです。

④印刷物（プリント）は、可能な限りうすい色の色紙に印刷する。

↓視覚に異常がある子どもが多く、白い紙に印刷した黒い文字よりも、少しでも色のついた紙の方が見やすいようです。

⑤何ができて何ができていないのかをつかむ。

また、何に興味関心があるのかをつかむ。

↓どのようなことを、どのように身につけてきたかを知ることは学習指導を始めるに当たっての基礎となります。また、何ができないのかを知り、どこにつまずきがあるのかを押さえることも必要です。この子どもたちの多くは興味関心に偏りがあります。何に対して興味関心があるのかを知り学習指導に生かしていきましょう（例：飛行機の大好きな子どもには算数の文章題に飛行機関連の問題を作ります）。

⑥達成可能な個人目標をその子どもと一緒に作る。

↓生活面や学習面でできていないことに合わせ、スモールステップで達成可能な個人目標（例：友達を叩かない。字をマスの中に書く）をその子どもと一緒に作り、できたらすぐにほめることが大切です。

⑦あいさつをさせる。「ありがとう」や「ごめんなさい」が言えるようにする。

↓この子どもたちの多くは、学級の友達との間でのトラブルが多く、自分が悪くてもそれを認めたがらず、仮に認めても「ごめんなさい」といった言葉がすぐに出てこず新たなトラブルになることも多いのです。こうした言葉が出るようにするには、遠回りですが「おはようございます」「こんにちは」「さようなら」のあいさつや、何かしてもらったときには「ありがとう」がすぐに言えるように指導することが必要です。この子どもだけでなく学級全体にそうした指導を行い、学級のみんなが「ありがとう」「ごめんなさい」を含めたあいさつをできるようにすることが大切です。

⑧その子自身や周りの子を傷つけるような行為があった場合は徹底的に指導する。

↓障害があるからといって中途半端な対応ではいけません。特に自分自身や周りの子どもを傷つけるような行為があったときには、真剣かつ徹底的に叱ることが必要です。通じないように思えても何回も注意すれば通じます。中途半端だと注目を浴びたくらいにしかとらえないことが多いのです。

⑨離席などは一度認めてしまえば後からの変更は難しい。駄目なことは最初から一貫して駄目だと指導する。

↓この子どもたちは、授業中離席し、教室の外へふらりと出て行ってしまうこともあります。「今日くらいはいいだろう」と一度認めると、次に同じことが起こっても指導は難しくなってしまいます。はじめから駄目なことは駄目と、しっかりした気持ちをもって、学校全体で一貫した指導をする必要があります。

《文献》

※1　内山登紀夫・水野薫・吉田友子『高機能自閉症・アスペルガー症候群入門—正しい理解と対応のために』（二〇〇二年　中央法規出版）

2 教科等指導の実際（指導のヒント）

教科等に関する障害は、高機能広汎性発達障害、学習障害、注意欠陥多動性障害等、障害の種別によって多少異なりますが、ここではどの障害にもほぼ共通的に使うことのできた指導をまとめます。教育ニーズは、障害種別よりも一人ひとりの障害の状態による違いの方が大きいので、それを一人ひとりきちんと把握し指導を工夫してみてください。そうした工夫をする際の参考にしていただければと、以下に列記します。

(1) 国語的なこと

読み・書きは、国語だけでなく他のすべての教科のベースにもなる大切な学習です。少し時間をかけても押さえておくべきことがたくさんあります。

①文を読むことが苦手で行をとばしたり、助詞を間違えたり、文末を勝手に作って読んでしまったりする場合は、次のような工夫をします。

○教科書の行を一行おきにうすい色のマーカーで塗る。
○厚紙等で一行だけが見えるスリットを開けたカバーを作り使用する。
○その上で、一字一字を指で追うようにして読ませる。

②文章の内容理解がしにくい場合には、次ページの練習6－1に示したような、注意して見たり、短期記憶を促す短い文を絵に表すような問題を練習することも必要です。上下や左右などオリエンテーション障害のある子どもも多いので、そうしたことの勉強も合わせて問題の中に組み込んでみるのも変化ができてよいかもしれません。

③漢字が上手に書けない場合は、偏《へん》や旁《つくり》へのこだわりや混同があることも多いので練習6－2に示したような練習をしてみます。

練習 6-1：短い文を絵に表す

文をよんで下のえにいろをぬりましょう。

・まどのカーテンはきいろです。
・つくえの上にあかとあおのえんぴつがあります。
・かべにかかっているセーターはピンクです。
・みぎのぼうしはみどりです。
・はこの中のセーターはあかです。
・つくえのひきだしは、上からじゅんばんにきいろ、あか、みどりです。
・ひだりのぼうしはあおです。
・あかい花のうえきばちはくろです。

練習 6-2：漢字を書く

下の「へん」や「つくり」「かんむり」をくみあわせて、かん字を作りましょう。できたら下のマスの中にていねいにかきましょう。

子　金
日　糸　力　主　扌
木　言　目　亻
宀　寺　⺍
月　艮　氵　田　艹

④文章を読み取ってその意味を探すのが難しい場合には、練習6－3に示したような駅の時刻表などを使って、その読み取りを練習することなども実用と併せて効果的です。なお、こうした時刻表を使う場合には、例えば「13△」の「△」のような行き先マークなどを入れると、そのマークだけが気になってしまうことがありますから気をつけましょう。また、二十四時以降の時刻については、例えば練習6－3の問題1に示したような「朝一番早い電車は？」の問題の答えを二十四時台の最初の電車を示すといったことがあるので示さない方がよいでしょう。

<問題>

1. 朝一番早い上り電車は何時何分発ですか。
2. 上りの10時29分の次の電車は何時何分発ですか。
3. 下りの12時51分の次の電車は何時何分発ですか。
4. 下りの14時30分の一本前の電車は何時何分発ですか。
5. 上りの19時8分の一本前の電車は何時何分発ですか。

練習 6-3：時刻表の読み取り

このじこく表をよく見て答えましょう。

上り		下り	
5	0 16 35 47 59	**5**	17 30 48 59
6	3 12 21 25 32 38 46 51 58	**6**	11 28 40 51 55
7	8 13 19 27 34 39 44 54 59	**7**	6 13 24 36 45 52
8	7 14 20 27 34 43 53	**8**	1 11 21 29 36 45 55 58
9	3 13 22 32 39 47 58	**9**	7 16 23 33 41 52 59
10	8 19 29 38 48 59	**10**	8 19 30 37 44 50
11	7 19 29 38 47 57	**11**	0 9 21 30 40 51
12	8 19 29 38 48 59	**12**	0 9 21 30 40 51
13	8 19 29 38 48 59	**13**	0 9 21 30 40 51
14	8 19 29 38 48 59	**14**	0 9 21 30 40 51
15	8 19 29 38 48 59	**15**	0 9 21 30 40 51
16	8 19 29 38 46 56	**16**	0 9 21 30 40 51
17	7 17 26 36 46 55	**17**	1 10 22 31 41 52
18	4 9 19 28 37 45 49 59	**18**	0 11 22 33 39 49 57
19	8 16 26 34 39 48 56	**19**	4 9 18 27 34 39 47 57
20	4 9 19 25 36 44 54 58	**20**	4 10 18 24 33 41 49 54
21	8 15 24 34 44 51 55	**21**	3 9 18 25 32 40 49 55
22	3 10 21 31 40 52	**22**	2 8 19 25 32 40 49 54
23	4 13 22 32 41 48 57	**23**	2 10 17 25 34 42 54

⑤比《ひ》喩《ゆ》表現がわからず、文字通り解釈してしまう子どもも多いので、次のような問題で練習します。

練習 6-4：比《ひ》喩《ゆ》表現の理解

文の中には「おおげさ」な言い方をして、気持ちを伝えたりすることがあります。次の言葉の意味を表しているものに○をつけましょう。

1.「あの人はへそが曲がっている」

・おへそがお腹のはじの方にある。

・あの人のおへその穴は曲がっている。

・あの人はひねくれていて素直でない。

2.「消防署は学校と目と鼻の先にある」

・消防署は目のはしに、学校は鼻のあたまの方にある。

・消防署は学校の子どもたちの目と鼻の間から見える。

・消防署は学校のすぐ前にある。

3.「疲れて足が棒のようになった」

・疲れたら足が棒になってしまった。

・疲れた足が痛くなってしまってつっぱっている。

・疲れたら足が棒のようにまっすぐになったままで曲がらない。

4.「あの人の意見はネコの目のように変わる」

・あの人は意見を次から次へと変えてしまう人だ。

・あの人の目はネコのようだ。

・あの人の意見はネコの目のようにキラキラかがやいている。

(2) 算数的なこと

算数では特に一年生の導入の段階が大切になります。物をきちんと数える一対一対応をしたり、順序がわかるようにしたりすることが基本となります。その上で足し算や引き算などの計算に入ります。

▼当たり前のこと?

小学校一年生の算数・十の位の導入の授業を参観していました。その教室では水道方式以来のタイルを使って位取りを指導していました。担任の教員が「タイルが十個集まったら『棒』になるんだよ。それが十だよ」と言い、多くの子どもたちはうなずくようにしていました。しかし、高機能自閉症と診断されているミカさんが突然手を上げ「先生、どうしてタイルが十個集まると棒になるの? 九個じゃならないの? 十一個じゃならないの? 五個だって棒になったよ、はい」と言って机にタイルを五個並べました。この文章をお読みの教員の方ならミカさんに何と答えてあげるのでしょうか。

この子たちの多くはタイル一つとっても右に掲げたような感じ方をしています。ミカさんはそのことだけが気になり、もう他のことは耳に入ってはいないようでした。タイルは一見具体物でありながら、「棒」になる段階で子どもたちにとっては抽象的なものに変化してしまいます。ここの理解がこの子たちにとっては難しいというより納得できずに先に進めないことが起こります。知的に高くても納得できなければそこにとどまってしまい、結果的にその先のことが理解できなくなるのがこの子たちです。しかし、この子たちだけではなく、学級の中の少なくない人数の子どもたちもそう思っているのではないでしょうか。

授業の後、ミカさんと話す時間がありました。ポケットの中にあった一円玉、十円玉を示しました。ミカさんは金額として一円も十円も理解しています。その上で、「一円玉が何個でこれになる?」と十円玉を目の前に。ミカさん「十個!」。明快に大きな声で答えます。「九個じゃダメ?　五個じゃダメ?」。ミカさん「ダメ!　一円玉十個で十円って決まってるの!」。私たち教員は、教科書に出ている方法や素材をこれならわかりやすいだろうと吟味もせずに、当たり前のように使って指導することが多いのですが、本当にそれでよいのでしょうか。少なくともミカさんの場合は、タイルよりもお金の方が理解しやすく、その後の指導にもつながりやすいことがわかります。

学級の中の子どもたち一人ひとりの教育ニーズに合わせた支援を特別支援教育は求めています。しかし、通常の学級の中で一人だけ別の指導をすることはなかなか難しいものですが、例えば、タイルを使わずにお金を使って教えることは、学級全体の指導にも使えることですし、その方が学級の中にいる障害はないが理解の遅い子どもたちもわかりやすいはずです。ミカさんの場合はお金でしたが、他の子どもは違うかもしれません。学級の中で指導の難しい子どもが何を考え何を使ったら指導の効果が現れるのか、そしてそれは学級という集団のみんなにも通用するのか、などをまず考えることが、授業の前の大切な仕事ではないでしょうか。当たり前のことなどと考えずに……。

▼横の式より縦の式、そして位取り

各社の一年生の算数の教科書を並べてみると、すべて○＋△＝●といった横の式がメインです。（一桁）＋（一桁）の繰り上がりのない足し算の場合にはまだ何とかなりますが、例えば3＋12＝□といった式になると、この子たちは視覚認知の弱さが如実に表れてしまい、「42」と答えてしまうことが多いのです。こうしたことを解決するためにはどのような指導をすればよいのでしょうか。

足し算の指導に入る前に、例えばお金（一円玉、十円玉、百円玉）を使った「位取り」の指導の徹底が必要です。一円玉十個は十円玉一個と同じであることをまず教えるのが前提となりますが。このことについてはこうした子どもの多くもよく知っています。

黒板に次ページの練習6－5の右のような図を書き、①は一円玉のお部屋、⑩は十円玉のお部屋として、図のようにまず「11」と書き、それぞれの「1」の意味を子どもたちと考えます。「同じ『1』が二つ並んでるけど、同じかなー？」といった発問が大切です。「同じ『1』だけど前のはジュウ、後のはイチ、合わせてジュウイチだよ」。「十円玉のお部屋

の『1』は十円玉が一個、一円玉のお部屋の『1』は一円玉が一個のこと！」と考えさせます。これがわかるようになったら、図のように「11」の下に「27」と書き、「じゃーこれは？」と聞きます。「十円玉が二個と一円玉が七個のこと！」と答えられるように。

さらに「0」の意味を教えていきます。「10」の意味を考えるときに必要ですし、次に述べる3＋12＝□を「縦の式」（筆算の式）に直すときに、「3」の十円玉のお部屋に何も書かないときに、目に見えない「0」があるなどと教えていかなければなりませんから。

ここまでできて初めて足し算の指導に入ります。○＋△＝●といった横の式は使わず、お部屋は残したまま練習6-5の左の図のように「縦の式」（筆算の式）を示します。繰り

練習 6-5：1 円玉と 10 円玉のお部屋

⑩	①
	2
＋	4

＜縦の式の導入＞

⑩	①
1	1
2	7

＜位取りの意味＞

返し練習をします。こうした練習を繰り返した後、口頭で「3＋12をお部屋に書いて、計算してね」と言います。特に視覚認知の弱い子どもがどのように書くか気をつけて見ていましょう。3＋12＝□と書いたら、「42」と答えたであろう子どもたちも、このお部屋を使った足し算の導入ではきちんと「15」と答えられます。

▼暗号表

この子たちの弱点を補強しつつ計算ドリルを楽しみながら行うことも大切な指導です。「暗号表」遊びを紹介しましょう。練習6－6のような暗号表を作って子どもたちに配っておきます。その上で、計算ドリルの問題を配ります。この時期には、「縦の式」と「横の式」がリンクできるように指導し横の式でも大丈夫なようにしておきます。計算の答えの数字を暗号表に合わせて、文字を拾っていきます。簡単なようでいて視覚認知の弱い子どもたちにはなかなか難しいのです。

きちんとした文章になるように考えて計算問題を作るのですが、はじめは教室のみんなが興味を示すように、例えば計算の答えを暗号表に当てはめると「きょうのあくざわせんせいはかっこいい？」というようにします。次からは学級の中の子どもたちの名前が出てくるとよいでしょう。

また、オリエンテーション障害などに対応するように「ほんだなのうえからさんだんめのみぎからごさつめのほんのなまえは？」となるような問題を作って、本を探してくるなどといった変形版も作れます。

計算ドリルをしながら、教室の中の本棚などを使って遊んだ上で、さらに位置関係を教えたりするには恰好の素材だと思います。しかも、この子たち以外の子どもたちも計算の答えに加え暗号の答えを早く出したくて、本当に楽しんでドリルをこなしていきます。もちろんこの子たちも頑張ってやってくれます。

練習 6-6：暗号表

1 あ	2 い	3 う	4 え	5 お
6 か	7 き	8 く	9 け	10 こ
11 さ	12 し	13 す	14 せ	15 そ
16 た	17 ち	18 つ	19 て	20 と
21 な	22 に	23 ぬ	24 ね	25 の
26 は	27 ひ	28 ふ	29 へ	30 ほ
31 ま	32 み	33 む	34 め	35 も
36 や	37 ゆ	38 よ	39 ん	40 っ
41 ら	42 り	43 る	44 れ	45 ろ
46 わ	47 を	48 ？	49 ！	50 。
51 が	52 ぎ	53 ぐ	54 げ	55 ご
56 ざ	57 じ	58 ず	59 ぜ	60 ぞ

第７章

特別支援教育のシステム化

1 学校でのシステム化のねらい

教室の中で今までの経験や知識を総動員して対応しても指導の難しい子どもたち。その大半は、今まで述べてきた高機能広汎性発達障害児、学習障害児、注意欠陥多動性障害児や被虐待児です。それ以外にも、不登校を起こしている子どもたちや非社会的行動を起こす子どもたちなど、指導の難しい子どもたちは様々です。

わが国の学校教育、とりわけ学級担任制の小学校では、その学級に在籍する子どもたちの指導はすべて学級担任の責任といった風潮があります。こうした中で、学級担任を務める教員自身は責任を一身に負わなければといった悲壮なまでの気持ちをもっています。このような教員一人ひとりの気概がわが国の小学校教育を支えてきたことは否めない事実といえます。しかし、その結果、学級の中に今までの経験では出会ったことのない指導の難しい子どもたちがいても、同僚教員には愚痴をこぼすものの、「最終的には私自身の責任」と問題を一人抱え込んでしまい、何ら解決しないままに時だけが過ぎてしまうといった現実がありました。

制度化された特別支援教育は、指導の難しい子どもたちを学級担任が一人で抱え込まざるを得ない学校の体制や風潮を改め、学校全体でその子どものもっている指導の難しさの背景を明らかにし、その上で、学校全体で学級担任の指導を支援していこうとする、大きな意味での学校改革なのです。特別支援教育の「支援」には、もちろん対象となる子どもたちへの「直接的な支援」の意味もありますが、直接指導を担当する教員を「支援」し、結果的に対象児への支援を行うという意味も含まれています。

こうした大きなねらいを実現していくためには、特別支援教育を、教育委員会や学校など関係するそれぞれの機関の中でシステム化していく必要があります。ここでは、主に学校でのシステム化について考えてみましょう。

2 校長のリーダーシップ

特別支援教育を学校という組織の中でシステム化していくに当たって、キーとなる人材は後述する特別支援教育コーディネーターでもなければ担任教員でもありません。最も大切なのは校長です。そのリーダーシップこそが求められているのです。

校長が特別支援教育の内容や意味をきちんと把握し、率先して指導に当たっている学校では、教室の中の高機能広汎性発達障害児などの指導の難しい子どもが、よい意味で目立たなくなり学級の中に見事に溶け込んでいます。

こうした学校では、校長が作成する学校経営計画（学校経営方針）に、特別支援教育についての基本的な考え方や方向性がきちんと示されています。このことによって初めて、指導の難しい子どもたちを学級担任一人が抱え込まざるを得ない学校の体制や風潮を改め、学校全体でその子どものもっている指導の難しさの背景を明らかにし、その上で学校全体で学級担任の指導を支援していこうとする、大きな意味での学校改革ができるのです。

また、特別支援教育に関係する学校経営上の留意点について、二〇〇四年一月に文部科学省が「試案」として示した「小・中学校におけるLD、ADHD、高機能自閉症の児童生徒への教育的支援体制の整備のためのガイドライン」の中では、次のように示されています。

学校経営上、校長が念頭におくべき事項には、次のような内容があります。

○教師一人による支援から学校全体での支援への意識の向上（意識改革）
○学級担任や障害のある児童生徒本人を組織として支えるために必要な校内支援組織の構築（組織改革）
○個々の児童生徒の特性を理解し対応する教員の指導力の向上（資質向上）
○各教科・領域の指導計画作成に当たっての配慮事項の検討と具体化（指導改善）
○すべての児童生徒にとって「わかる」「できる」を実感できる教育環境の整備（教育環境の整備）
○特別支援教育についての児童生徒や保護者への理解推進（理解推進）
○児童生徒の安全確保と対応方針の確立（安全確保）
○外部の専門機関等との連携の推進（地域連携）

校長が自校の教員以上に特別支援教育、換言すればすべての子どもたちを大切にするといった姿勢を鮮明にすることによって、この教育は大きく進みますし、学校改革も進むはずです。

3 校内委員会の果たす役割

特別支援教育制度の中では、それぞれの学校に特別支援教育にかかる「校内委員会」の設置が義務付けられています。この校内委員会は、どのような役割を果たせばよいのでしょうか。

(1) 文部科学省の示す役割

文部科学省の示したガイドラインでは、校内委員会の役割を次のように示しています。

○学習面や行動面で特別な教育的支援が必要な児童生徒に早期に気づく。
○特別な教育的支援が必要な児童生徒の実態把握を行い、学級担任の指導への支援方策を具体化する。

○保護者や関係機関と連携して、特別な教育的支援を必要とする個別の教育支援計画を作成する。
○校内関係者と連携して、特別な教育的支援を必要とする個別の指導計画を作成する。
○特別な教育的支援が必要な児童生徒への指導とその保護者との連携について、全教職員の共通理解を図る。また、そのための校内研修を推進する。
○専門家チームに判断を求めるかどうかを検討する。なお、ＬＤ、ＡＤＨＤ、高機能自閉症の判断を教員が行うものではないことに十分注意すること。
○保護者相談の窓口になるとともに、理解推進の中心となる。

この文部科学省のガイドラインが示す校内委員会は、その学校における特別支援教育について網羅的に扱う委員会であり、現状の学校でここまでできるのかという疑問がまず生じてしまいます。もちろん文部科学省もこの役割についての記載の後に「これらの機能を一度にすべて満足させなくとも、徐々に機能を拡充していく方法をとることでこれらの基本的な役割を満たしていくことも考えられます」とはしています。

それぞれの学校では、特別支援教育の対象児をＬＤ、ＡＤＨＤや高機能自閉症児などいわゆる「障害児」としています。その上になおこのような一見すると専門的な内容の校内委員会までをも設置しなければならないとなると、この子どもたちへの教育は「特別」なものであり、なぜ通常の学級の中で指導しなければならないのかといった疑問がふくれあがってしまうだけなのではないでしょうか。

(2) 既設の委員会などとの関係

小学校ではそれぞれ名称は異なると思いますが「児童指導委員会」が、中学校では生徒指導担当教員を中心とした「生徒指導委員会」が設けられていると思います。それぞれの委員会では、学校生活の中で問題を抱える子どもたちの指導について、そのあり方や個別の指導方針等を立てているはずです。先に掲げた、文部科学省がガイドラインで示した特別支援教育にかかる校内委員会の役割を見てください。対象となる児童生徒を高機能自閉症児等のいわゆる「障害児」に絞らなければ、現にそれぞれの学校に設置されている「児童指導委員会」や「生徒指導委員会」の果たしている役割とほとんどオーバーラップするのではないでしょうか。

ただでさえ多忙感の強い学校に新たに委員会組織を作り上げるのはなかなか大変なことです。そうした中では、既設の児童（生徒）指導委員会などの役割を精査し、その委員会で特別支援教育にかかる校内委員会としての役割も担っていく方がよいのかもしれません。特別支援教育の対象児は、本来特別な配慮や支援の必要な児童生徒であって、文部科学省が示すようなＬＤ、ＡＤＨＤ、高機能自閉症などの「障害児」に限ったものではなく、学校生活の中で問題を抱えるすべての児童生徒のはずです。

（3）最も大切なこととは

こうして作り上げた校内委員会の果たすべき役割のうち最も大切な一つは、担当する教員がその子どものもつ問題や課題を一人で抱え込まずにすむような、学校全体での支援の方法を検討することです。保護者との連携もこの担当する教員への支援の方法の一部だと考えた方がよいでしょう。それでは、こうした検討を行うために校内委員会は何をすればよいのでしょうか。

▼ケース会議の実施

支援の方法を検討するには、まず対象となる子どもがどのような子どもで、現在どのような課題があるのかを校内委員会としてきちんと把握する必要があります。そのためには、その子どものことをよく知り、支援策を検討するためのケース会議を開催しなければなりません。

担当する教員は、ケースとなる子どもについて何が課題なのかを明確にする必要があります。何が課題なのかと問うたとき、「いつも言うことを聞かない」などと答えられても困るのです。例えば「授業中十分くらいすると立ち歩きが始まってしまう。注意すると座るがすぐまた席を立ってしまう。注意についてはこのような方法（具体的に）で行ってきた」程度の中身は必要なのです。また、指導全体を考えると少なくともその子どもの家族構成や、今まで担当として行ってきた対応方法なども必要です。一方で、担当の教員の負担感が増さないよう、次ページに示すような簡単な様式を定めておくのもよい方法でしょう。

校内委員会では、担当する教員から出された資料をもとにその子どもの問題行動の背景を考えるとともに、保護者との連携策を含めた当面の対応策を考え、担当教員に示す必要があります。対応策の中には、その背景を探るために保護者と相談し専門機関に相談に行っていただくといったことが入ることもあります。こうした場合の相談の仕方については第1章の「保護者との協働を！」の項（21・22ページ）を参考にしてください。

▼全教職員への周知

校内委員会に提出された子どもの様子や対応策については、校内のすべての教職員が知っている必要があります。例えば、教室から飛び出して行ってしまう子への対応策についてはすべての教職員がかかわる可能性もあり、同じ対応をしてくれなければ困るからです。また、一つの行動をある教員は認め、ある教員は認めないといったことが起これば、この子どもたちに対する指導は成り立たなくなってしまいます。

この際、教員と職員を区別するのは大人だけで、子どもにとってはすべて学校の先生です。従って給食調理員さんまで含めてすべての教職員に対し対応策等を周知しておく必要

提出日: 年 月 日	<部外秘>
年 組 児童氏名	
課題（より具体的に）	
これまでの対応とその結果	
家族構成	
前年度までの様子（わかる範囲でなるべく詳しく）	

がありますが、同時に、この対応策等は個人情報であり部外秘であることをきちんと確認しておかなければなりません。

▼校内研修の実施

子どもの問題行動等を把握するにも、また対応策を考えるにも、基本的な事項については、少なくてもすべての教員が知っている必要があります。このための校内研修の企画運営も校内委員会の重要な役割の一つです。

例えば、高機能広汎性発達障害について校内で研修をしようとすれば、まずその基本的なことについて講師等を招いて勉強する必要があります。また、そこだけで終わらせるのではなく、講師による講演をベースに全教員参加のケース会議を開き、勉強した事項の確認や情報交換などをしていくことも大切です。

(4) 校内委員会の構成員

校内委員会の構成員については、学校の規模や実情により一律にこうすべきだとはいえません。しかし、学校全体での支援策等を考えるわけですから、構成員として学校長や教頭(副校長)が入っていた方がよいと思います。もちろん次節で取り上げる「特別支援教育コーディネーター」は入らなければなりません。これ以外のメンバーをどうするかについては学校によって違ってきますが、固定のメンバーは少なくしておいて、ケースによって関係する教職員が加わるといった形の方がやりやすいのではないでしょうか。

(5) 校内委員会の校内での位置付け

校内委員会の名称はそれぞれの学校で決めればよいことですが、校内で責任をもった仕事をする以上、校務分掌にきちんと位置付ける必要があります。また、内容によっては緊急で開催しなければならないこともありますから、他の校内の別の委員会よりも優位に立つような位置付けも必要かもしれません。そうした意味からも、開催については、月例の定例会はもちろんですが、必要に応じて随時開催できるようにしておくことも必要です。

4 特別支援教育コーディネーターの役割

特別支援教育制度の中でそれぞれの学校に配置が義務付けられているのが「特別支援教育コーディネーター」です。このコーディネーターの役割はどのようなものなのでしょうか。

(1) 文部科学省の考えるコーディネーターの役割

先に紹介した文部科学省が試案として作成したガイドラインの中には、資料として「特別支援教育コーディネーター」の役割が、次のように記載されています。

特別支援教育の役割

(前略) 具体的な役割として、小・中学校の特別支援教育コーディネーターは、(1)

学校内の関係者や関係機関との連絡・調整、及び、(2)保護者に対する学校の窓口として機能することが期待される。

さらに、ガイドラインでは「特別支援教育コーディネーターに求められる資質・技能」なる項目を設けて次のように述べていますが、こちらの項目等を見ると、先に掲げた役割について文部科学省が特別支援教育コーディネーターに期待している役割がより明確に見えてきます。

特別支援教育コーディネーターに求められる資質・技能

● 小・中学校の特別支援教育コーディネーター

(1) 連絡・調整に関すること
①校内における特別支援教育体制の構築に関すること
・協力関係を推進するための情報収集、情報共有
・交渉力や人間関係調整力

(2) 特別な教育的ニーズのある児童生徒や保護者の理解に関すること
①障害のある児童生徒の発達や障害全般に関する一般的な知識

・特にLD、ADHD等の軽度発達障害
②児童生徒・保護者・担任との相談
・カウンセリングマインド

（3）障害のある児童生徒などの教育実践の充実に関すること
①障害のある児童生徒の教育に関する一般的な知識
・関係する法令
・教育課程や指導方法（特にLD、ADHD等の軽度発達障害）
②個別の教育計画の作成・実施・評価及び個別の教育支援計画に関すること
・少人数指導や個別指導などティーム・ティーチングの活用等

これはなかなか大変な仕事です。教員が片手間でできそうな仕事ではありません。少なくとも学習障害や注意欠陥多動性障害などについての基本的な知識をもち、こうした子どもたちへの指導法を十分に理解していることが基本となります。その上で、教育相談を進めることや、関係機関との連絡調整ができることが特別支援教育コーディネーターに求められる資質であり、学校内外の連絡調整や保護者に対する相談活動の学校の窓口としての役割を期待されているのです。

このようなことがきちんとできる教員がいればそれに越したことはありませんし、特別支援教育を充実させていくためには必要な職だと思います。しかし、ここに掲げられたようなことは数日の研修で身に付くものなのでしょうか。確かに知識は理解できるかもしれませんが、それだけでできる内容だとは思えません。

しかもこれだけの役割を求められていながら、特別支援教育コーディネーターに当たる者のための定員は配当されません。校長が現にそれぞれの学校にいる教員の中から選任し指名することになっており、多くの特別支援教育コーディネーターが学級担任を兼ねながらその仕事をしています。

(2) できることから

特別支援教育コーディネーターは、前項で挙げた、文部科学省から示されたような役割ができるに越したことはありません。しかし、現実はそうはいきません。研修なしで突然指名されたり、学級担任を兼務しながらではそうそうできるものではありません。そうした中でも是非していただきたい仕事は、次のようなことだと考えています。できることから頑張ってみてください。

①校内の教員が抱え悩んでいる指導の難しい子どものことについて気軽に話せる(愚痴をこぼせる)役割と、それを通して校内でこの子どもたちのことが気軽に話せる雰囲

気作り

↓その教員の抱える課題を明確にさせ校内委員会に図りましょう。

②校内の教員が指導の難しい子どものことを少しでも知ることができるような校内研修の企画と運営

↓はじめは講演会のようなことが必要です。誰を講師に選んだらよいのかは市区町村の教育委員会の特別支援教育担当の指導主事や最寄りの特別支援学校などに相談するとよいでしょう。

③指導の難しい子どもたちのことについて相談できる機関の確認

↓都道府県や市区町村の教育相談機関のうち、高機能広汎性発達障害児などについて専門的に相談できるスタッフのいる機関を探しておきましょう。保護者との相談などですぐに役立ちます。

④特別支援教育にかかる校内委員会の定期的な開催

↓校内委員会は子どもたちの様子に合わせて随時開けることが望ましいのですが、少なくとも月例会のように定期的に開催をします。はじめのうちはケース会議等は難しいかもしれませんが、子どもたちのことを話し合う機会を作りましょう。

特別支援教育コーディネーターに指名されたからといって、一人でやろうとしても無理が生じます。特別支援教育にかかる校内委員会を運営するための運営チームのような組織を作り、複数で分担すればうまくいくのではないでしょうか。コーディネーターはそのチームのリーダーの位置付けなどでよいのです。

特別支援教育コーディネーターに求められる役割の中で最も大切なことは、指導の難しい子どもを担当する教員がその子どものもつ課題を抱え込まずに全校で支援できる体制作りです。まずは、肩ひじ張らずに、そのための雰囲気作りから始めましょう。

第8章
制度としての特別支援教育
（残された課題）

1 特別支援教育の理念

本書では、ここまでに特別支援教育の対象とされる高機能広汎性発達障害や学習障害、注意欠陥多動性障害などの、知的障害の程度は軽いものの様々な障害のあるいわゆる発達障害児の障害特性などを解説しながらも、特別支援教育は「特別な教育」でも「特殊な教育」でもないことを強調してきました。それでは、制度としての特別支援教育はどのようなものなのでしょうか。

制度化された平成十九年四月一日付の文部科学省初等中等教育局長からの通知「特別支援教育の推進について」（十九文科初第一二五号）をもとに制度としての特別支援教育を見るとともに、残された課題を考えていくことにします。

（1）「特殊教育」と「特別支援教育」

局長通知では特別支援教育の理念を次のように述べています。基本の部分なので全文引用してみます。

1．特別支援教育の理念

特別支援教育は、障害のある幼児児童生徒の自立や社会参加に向けた主体的な取組を支援するという視点に立ち、幼児児童生徒一人一人の教育的ニーズを把握し、その持てる力を高め、生活や学習上の困難を改善又は克服するため、適切な指導及び必要な支援を行うものである。

また、特別支援教育は、これまでの特殊教育の対象の障害だけでなく、知的な遅れのない発達障害も含めて、特別な支援を必要とする幼児児童生徒が在籍する全ての学校において実施されるものである。

さらに、特別支援教育は、障害のある幼児児童生徒への教育にとどまらず、障害の有無やその他の個々の違いを認識しつつ様々な人が生き生きと活躍できる共生社会の形成の基礎となるものであり、我が国の現在及び将来の社会にとって重要な意味を持っている。

この局長通知では、新たに制度化された「特別支援教育」を従来の「特殊教育」と対比する形で説明がされています。それでは「特殊教育」と「特別支援教育」の違いは何なのでしょうか。

従来の「特殊教育」は、児童生徒の障害の種類や程度に着目し、その障害の種類や程度に見合った盲学校、聾学校、養護学校や特殊学級で、特別な配慮の下に手厚くきめ細かな教育を行ってきました。換言すれば、障害があれば一人ひとりのニーズには関係なく、特殊教育の場で教育に当たるという制度であったことになります。また、その対象児についても、学校教育法や同法施行令でその障害の種別や程度が定められています。

これに対し、「特別支援教育」は、障害の種類や程度よりも、幼児児童生徒一人ひとりの教育ニーズを把握し、弾力的に教育の場を用意し、生活や学習上の困難を克服するための適切な指導や支援を行うということです。また、対象とする者についても、従来の特殊教育の対象児に加え、知的な遅れのない発達障害も含め特別な支援を必要とする幼児児童生徒とされています。

(2) 特別支援教育の場

従来の「特殊教育」では、「特殊教育」を行う場として、盲学校、聾学校、養護学校が用意され、それを補完する形で特殊学級(通級による指導も特殊学級の一形態)が設置されていました。

これに対し、局長通知では「特別支援教育は(中略)特別な支援を必要とする幼児児童生徒が在籍する全ての学校において実施されるものである」とされています。左の図は、特別支援教育の行われる場を示しています。

色のついていない部分（特別支援学校＝従来の盲・聾・養護学校、小・中学校の特別支援学級＝従来の特殊学級）は従来からの「特殊教育」の場で、グレーに塗られた幼稚園、小学校、中学校、高等学校の通常の学級が新たに「特別支援教育」の場として加えられた部分になります。中等教育学校については、図の中学校の部分と高等学校の部分であり、当然ながら「特別支援教育」の場でもあります。

ついでながら、横縞に塗られた高等学校の特別支援学級は、学校教育法上設置できることになっていますが、下位の規則である学校教育法施行規則に、小・中学校の特別支援学級ではできる特別な教育課程での指導について、できる旨の規定がないことから、実質上設置が難しい状況であり、下位の規則が上位の法を縛るという奇妙な形となっています。そのため、後期中等教育の学校（高

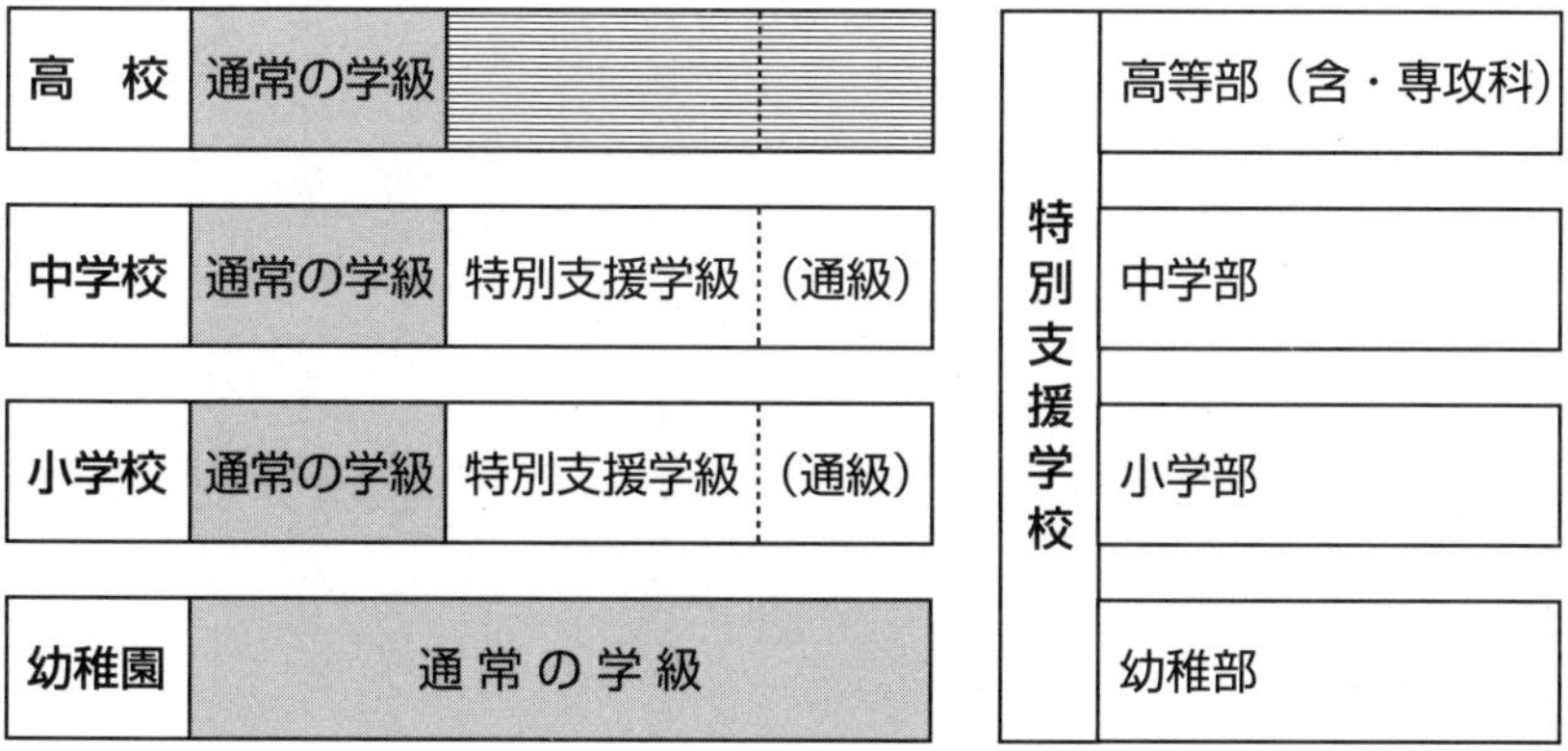

等学校段階）に進学する段階で、多くの発達障害児が進学先の少なさに戸惑っています。高等学校では入学選抜の段階で合格できず、やむを得ず特別支援学校の高等部に進学しても、そこでの教育活動が自分自身で考えていた教育とは異なり、悩みを抱え込んでしまう子どもたちが数多くいます。また、子どもたちの総数が減少する中で児童生徒数が急増する特別支援学校でも、数の問題とともに、その指導の在り方にも苦慮しています。高等学校にも特別支援学級を設置できるように制度を改正し、柔軟な教育を行うことが必要です。後期中等教育は制度上は義務教育ではないものの、わが国ではすでに義務教育と同じような状況なのですから……。特別支援教育を進めるための今後の課題の中でも大きな課題といえるでしょう。

(3) 特別支援教室（仮称）

特別支援学級については、特別支援教育の制度化を進める段階で、従来の特殊学級を大幅に見直し、「制度として全授業時間固定式の学級を維持するのではなく、通常の学級に在籍した上で障害に応じた教科指導や障害に起因する困難の改善・克服のための指導を必要な時間のみ特別な場で行う形態（例えば「特別支援教室（仮称）」）とすることについて具体的な検討が必要[※1]」との考え方が示されていました。要は、障害のあるなしにかかわらずすべての子どもたちが通常の学級に在籍し、必要に応じて個別的に指導を受けることができる通級制の学級に特殊学級を変えていこうとし、その名称を仮称ではありますが「特別支援教室」としようとしたものでした。

この特別支援教室については、単なる構想ではなく、平成十三年度に文部科学省から都道府県教育委員会などに特別支援教育を推進するための中心的な制度として示され、文部科学省をはじめ各都道府県の教育委員会もその考え方の理解を深めることに努めました。しかし、大都市圏を中心とした地域の特殊学級にわが子を通学させている保護者から強い反対があり、結果的に特殊学級を引き継ぐ現在の特別支援学級の制度が残りました。一方で、特別支援教室については、中央教育審議会でも検討が行われ、「『特別支援教室（仮称）』の考え方は、小・中学校における特別支援教育を推進する上で、極めて重要であり、また、すでに特殊学級と通常の学級との交流教育という形で弾力的な運用が行われている例があることも踏まえれば、『特別支援教室（仮称）』の構想が目指しているシステムを実現する方向で、制度的見直しを行うことが適当である」[※2]とされ、将来の目指すべき方向とされました。

このように特別支援教室については、今回の学校教育法等の改正では取り上げられなかったものの、文部科学省では、固定性の特殊学級や通級による指導から、米国におけるリソースルームの日本版としての「特別支援教室（仮称）」への転換を将来構想とし、その実現に向けた検討を行っており、遠からずこうしたシステムができあがると考えられます。制度の作り方によっては、一人ひとりの子どもたちの教育ニーズに合った教育指導を行うことのできる場となりえますので大いに期待したいと考えています。

《文献》

※1　文部科学省・特別支援教育の在り方に関する調査研究協力者会議「今後の特別支援教育の在り方について（最終報告）」（二〇〇三年三月）
※2　中央教育審議会「特別支援教育を推進するための制度の在り方について（答申）」（二〇〇五年十二月）

2 特別支援学校における取組

従来、特殊教育諸学校と呼ばれていた盲学校、聾学校、養護学校（肢体不自由、知的障害、病弱の三種別）は、それぞれ単独の障害種別のある幼児児童生徒の指導の場でしたが、特別支援教育施行に伴う学校教育法の改正により複数の障害種を扱うことのできる「特別支援学校」に一本化されることになりました（学校教育法第七十一条）。なお、それぞれの学校の呼称については設置者が決められることになっており、法改正後も従来通り「○○養護学校」等と呼称している学校は数多くあります。

特別支援学校では、従来からも幼児児童生徒一人ひとりの障害等の状態等に合わせた教育指導がされていましたから、特別支援教育が制度化されても教育指導そのものは基本的に変わるものではありません。

ここでは、本書のメインテーマである小学校等における特別支援教育と大いに関係する部分について触れていくことにしましょう。

（1）地域における特別支援教育のセンター的機能

平成十一年三月に改定された学習指導要領では、盲・聾・養護学校は、新たに「地域の特殊教育の相談センター」としての役割を果たす旨が定められました。これを受け、盲・聾・養護学校は、それぞれの地域で教育相談を実施するなど特殊教育センターとしての役割を果たしてきました。また、特別支援教育の制度化に伴う法改正により、地域における特別支援教育のセンター的機能として幼稚園、小学校、中学校、高等学校、中等教育学校の要請に応じて、幼児児童生徒の教育に関し必要な助言または援助を行うよう努めるものとすると、法に明文化されました（学校教育法第七十一条の三）。

小学校等では、発達障害等の疑われる指導の難しい子どもたちの指導等を考えるに当たって、最寄りの特別支援学校に気軽に相談してみるとよいでしょう。子どもたちへの指導の考え方や方法について直接的に相談にのってくれたり、専門医などの紹介もしてくれるはずです。地域の「資源」として大いに活用することが求められています。

（2）設置義務不改定への疑問

従来の盲・聾・養護学校が障害種を問わない「特別支援学校」とされた理由は何なのでしょうか。

それは、子どもたちの障害の多様化に対応するとともに、それぞれの地域でより適切かつ柔軟な教育をしていくための改正であるはずです。例えば、盲学校については、その対象となる視覚障害児の数から各都道府県ともに集約化され数が少なく、多くの子どもたちは遠距離通学を強いられるか、寄宿舎生活という生活の基盤である地域から切り離された生活を送っています。最も数多く設置されている知的障害養護学校にあっても同様です。こうした状況を少しでも改善し、障害のある子どもたちが近くの学校へ通うことのできるように、障害種を問わない「特別支援学校」への一本化が考えられたのではないでしょうか。また、そうすべきであると考えます。

さらに、ここからは今後の課題としての問題提起となりますが、特別支援学校が果たすべき役割として、地域における特別支援教育のセンター的機能を挙げるならば、地域の幼稚園や小・中学校とより関係をもちやすい設置者とする必要があるのではないかと考えています。しかし、特別支援学校の設置義務は相変わらず都道府県にあります（学校教育法

第七十四条)。より身近な地域での教育を考えるならば、設置義務も義務教育の小・中学校と同様に市区町村に移すべきではないかと考えますがどうなのでしょうか。確かに神奈川県のある県立養護学校では、平成十八年度の実績として九四七件のセンター機能としての相談を実施しています。そのほとんどが、周辺の市町村立の小・中学校への支援であるといいます。こうした努力は高く評価しますが、それでよいのでしょうか。

かつて全国唯一の町立養護学校であった比較的小規模の養護学校、兵庫県篠山市立篠山養護学校では、就学前の発達障害の疑われる子どもとその保護者を対象とした小集団での子育て相談会「ささっ子ランド」を年二回開催しています。この相談会では、養護学校の校長や特別支援教育コーディネーターが中心となり、近隣大学の専門研究者、市内の病院のPT(理学療法士)、ST(言語聴覚士)、OT(作業療法士)の協力を得て、子どもの観察に基づいたきめ細やかな相談がされ、保護者の方々から高く評価されています。また、同校は市立学校であることから、市内の小学校の教員で構成する篠山市小学校教育研究会の発達心理部会等で中心的な役割を担い、事例研究や授業研究を積極的に行い、市内の小学校教員が「仲間」として気軽に相談できるシステムを作り上げています。市の教育委員会でも市内の特別支援教育のセンター校として同校を位置付けています。

特別支援学校を地域の特別支援教育のセンターに位置付けようとするならば、小規模であっても設置義務を市町村とすることが必要かと思いますが、どうでしょうか。

おわりに

小学校や知的障害養護学校そして教育行政の場で三十有余年、それぞれの場でその時々にたくさんの障害児たちと出会い、今思えば大変に楽しい時を過ごしてきました。そして、たくさんの子どもたちの顔を思い浮かべながら、あの時もっと、あの子たち一人ひとりにあった指導ができていればと悔やみ続けています。

障害児教育にまったくの素人であった私が初めて出会ったテッちゃん。小学校一年生の通常の学級の教室で出会った彼は比較的障害の軽い「モザイク状ダウン症」。彼の行動の一つひとつに戸惑いながら本屋さんでダウン症の本を探し続けましたが、みんな専門用語がいっぱい。その言葉の一つひとつに戸惑うばかり……。その後出会った様々な障害の子どもたち一人ひとりに合った指導をするために、それぞれの障害の本を探しまわりましたが、専門的に過ぎて読みこなせなかったり、指導記録という名のＨＯＷ ＴＯ本であったり……。もっと、素人にもわかる、そして彼ら一人ひとりの行動を理解できる本がないものかと悩み続けた日々でした。

そして、平成十九年四月には制度化された「特別支援教育」が始まりました。制度化の以前より、通常の学級の担任をしているたくさんの先生たちから、今まで出会ったことのない指導の難しい子どもたちを指導するための図書を探しているけれど、難しすぎたり、HOW　TOだけで、あの子たちの行動を理解できる図書がない、適当な本を紹介してと言われ続けました。あのころの私と同じ思いをしている先生がたくさんいる。熱い心をもった先生がたくさんいるのにわかりやすい図書がない……。そんな折、玉川大学で教員を志すあるいは教育そのものの研究を進める学生や大学院生に「特別支援教育」について指導する機会をいただきました。指導してみて、特に教育学部の一・二年生が使える入門書的な図書のないことを痛感しました。そこで、ちょっと欲張って、大学生の教科書にもなり、障害児と呼ばれる指導の難しい子どもに初めて出会った学校の先生方にも使え、軽い障害のあるお子さんをおもちの保護者の方々にも役立つ本を書いてみようかという気になりました。

小学校などの通常の学級に在籍する知的障害の程度は極めて軽いものの、学校の先生方がその行動に戸惑うような子どもたちのことを理解でき、指導に役立つ内容を、できるだけやさしい言葉を使いまとめてみたい、専門的な視点ではなく学校の視点で書いてみたいと思いました。しかし、その難しいこと……。頭の中にある断片をつなぎ合わせ、できるだけわかりやすくまとめることの難しさに、一日机の前に座るだけで過ぎてしまった日が何日もありました。思いはあっても書くことやまとめることの難しさを痛感させられました。

そんな中、玉川大学教職大学院科長の長野正先生が折に触れ励ましてくださいました。おかげ様で何とかまとめることができました。特記してお礼を申し上げます。また玉川大学大学院教育学研究科で障害のある子どもたちの教育を真剣に学び研究している土肥めぐみさんがいろいろとアイデアを出してくれたり、本書の様々な図や絵を描いてくれました。土肥さんの協力にも感謝したいと思います。さらに、出版に向けて玉川大学出版部の森貴志さんと株式会社イーノの伊吹義次さんから様々な貴重なご示唆をいただきました。心から感謝申し上げます。加えて、本書をまとめるにあたっては、私がいつも参考にさせていただいている比較的わかりやすい内山登紀夫先生方の『高機能自閉症・アスペルガー症候群入門─正しい理解と対応のために』（中央法規出版）や杉山登志郎先生の『発達障害の子どもたち』（講談社）、さらに障害のあるご本人の書いた本としてニキ・リンコさんたちの『自閉っ子、こういう風にできてます！』（花風社）を大いに参考にさせていただきました。特記しておきたいと思います。

拙い内容ではありますが、本書をお読みいただいた先生方が、教室で出会った、あるいはこれから出会うであろう指導の難しい子どもたち一人ひとりに応じた教育指導を行うに当たって、フッと肩の力が抜け、少しでも余裕をもってこの子どもたちに対していただくことができるようになれば、本書の目的は果たせたと思います。ぜひそうあってほしいと願っています。また、そのことを通して、特別支援教育は特別なあるいは特殊な教育でも何でもなく学校教育そのものだということに気付かれ、教室の中のすべての子どもたち一人ひとりにとっても素晴らしい教育指導をしていただければと考えています。

さらに教職を目指して一生懸命勉強している学生のみなさんには、本書を通して将来出会うであろう子どもたちのために、その行動を理解するとともに教職に必要な真の意味の「優しさ」を培ってくれるよう、さらなる努力を期待しています。

玉川大学・大学研究室棟の研究室にて

玉川大学教職大学院　阿久澤 栄

巻末資料 1

文部科学省初等中等教育局長通知
「特別支援教育の推進について」

19 文科初第 125 号

平成 19 年 4 月 1 日

各都道府県教育委員会教育長　殿

各指定都市教育委員会教育長　殿

各都道府県知事　殿

附属学校を置く各国立大学法人学長　殿

文部科学省初等中等教育局長

銭谷 眞美

特別支援教育の推進について（通知）

文部科学省では、障害のある全ての幼児児童生徒の教育の一層の充実を図るため、学校における特別支援教育を推進しています。

本通知は、本日付けをもって、特別支援教育が法的に位置付けられた改正学校教育法が施行されるに当たり、幼稚園、小学校、中学校、高等学校、中等教育学校及び特別支援学校（以下「各学校」という。）において行う特別支援教育について、下記により基本的な考え方、留意事項等をまとめて示すものです。

都道府県・指定都市教育委員会にあっては、所管の学校及び域内の市区町村教育委員会に対して、都道府県知事にあっては、所轄の学校及び学校法人に対して、国立大学法人にあっては、附属学校に対して、この通知の内容について周知を図るとともに、各学校において特別支援教育の一層の推進がなされるようご指導願います。

なお、本通知については、連携先の諸部局・機関への周知にもご配慮願います。

記

1. 特別支援教育の理念

特別支援教育は、障害のある幼児児童生徒の自立や社会参加に向けた主体的な取組を支援するという視点に立ち、幼児児童生徒一人一人の教育的ニーズを把握し、その持てる力を高め、生活や学習上の困難を改善又は克服するため、適切な指導及び必要な支援を行うものである。

また、特別支援教育は、これまでの特殊教育の対象の障害だけでなく、知的な遅れのない発達障害も含めて、特別な支援を必要とする幼児児童生徒が在籍する全ての学校において実施されるものである。

さらに、特別支援教育は、障害のある幼児児童生徒への教育にとどまらず、障害の有無やその他の個々の違いを認識しつつ様々な人々が生き生きと活躍できる共生社会の形成の基礎となるものであり、我が国の現在及び将来の社会にとって重要な意味を持っている。

2. 校長の責務

校長（園長を含む。以下同じ。）は、特別支援教育実施の責任者として、自らが特別支援教育や障害に関する認識を深めるとともに、リーダーシップを発揮しつつ、次に述べる体制の整備等を行い､組織として十分に機能するよう教職員を指導することが重要である。

また、校長は、特別支援教育に関する学校経営が特別な支援を必要とする幼児児童生徒の将来に大きな影響を及ぼすことを深く自覚し、常に認識を新たにして取り組んでいくことが重要である。

3. 特別支援教育を行うための体制の整備及び必要な取組

特別支援教育を実施するため、各学校において次の体制の整備及び取組を行う必要がある。

(1) 特別支援教育に関する校内委員会の設置

各学校においては、校長のリーダーシップの下、全校的な支援体制を確立し、発達障害を含む障害のある幼児児童生徒の実態把握や支援方策の検討等を行うため、校内に特別支援教育に関する委員会を設置すること。

委員会は、校長、教頭、特別支援教育コーディネーター、教務主任、生徒指導主事、通級指導教室担当教員、特別支援学級教員、養護教諭、対象の幼児児童生徒の学級担任、学年主任、その他必要と思われる者などで構成すること。

なお、特別支援学校においては、他の学校の支援も含めた組織的な対応が可能な体制づくりを進めること。

(2) 実態把握

各学校においては、在籍する幼児児童生徒の実態の把握に努め、特別な支援を必要とする幼児児童生徒の存在や状態を確かめること。

さらに、特別な支援が必要と考えられる幼児児童生徒については、特別支援教育コーディネーター等と検討を行った上で、保護者の理解を得ることができるよう慎重に説明を行い、学校や家庭で必要な支援や配慮について、保護者と連携して検討を進めること。その際、実態によっては、医療的な対応が有効な場合もあるので、保護者と十分に話し合うこと。

特に幼稚園、小学校においては、発達障害等の障害は早期発見・早期支援が重要であることに留意し、実態把握や必要な支援を着実に行うこと。

(3) 特別支援教育コーディネーターの指名

各学校の校長は、特別支援教育のコーディネーター的な役割を担う教員を「特別支援教育コーディネーター」に指名し、校務分掌に明確に位置付けること。

特別支援教育コーディネーターは、各学校における特別支援教育の推進のため、主に、校内委員会・校内研修の企画・運営、関係諸機関・学校との連絡・調整、保護者からの相談窓口などの役割を担うこと。

また、校長は、特別支援教育コーディネーターが、学校において組織的に機能するよう努めること。

(4) 関係機関との連携を図った「個別の教育支援計画」の策定と活用

特別支援学校においては、長期的な視点に立ち、乳幼児期から学校卒業後まで一貫した教育的支援を行うため、医療、福祉、労働等の様々な側面からの取組を含めた「個別の教育支援計画」を活用した効果的な支援を進めること。

また、小・中学校等においても、必要に応じて、「個別の教育支援計画」を策定するなど、関係機関と連携を図った効果的な支援を進めること。

(5)「個別の指導計画」の作成

特別支援学校においては、幼児児童生徒の障害の重度・重複化、多様化等に対応した教育を一層進めるため、「個別の指導計画」を活用した一層の指導の充実を進めること。

また、小・中学校等においても、必要に応じて、「個別の指導計画」を作成するなど、一人一人に応じた教育を進めること。

(6) 教員の専門性の向上

特別支援教育の推進のためには、教員の特別支援教育に関する専門性の向上が不可欠である。したがって、各学校は、校内での研修を実施したり、教員を校外での研修に参加させたりすることにより専門性の向上に努めること。

また、教員は、一定の研修を修了した後でも、より専門性の高い研修を受講したり、自ら最新の情報を収集したりするなどして、継続的に専門性の向上に努めること。

さらに、独立行政法人国立特別支援教育総合研究所が実施する各種指導者養成研修についても、活用されたいこと。

なお、教育委員会等が主催する研修等の実施に当たっては、国・私立学校関係者や保育所関係者も受講できるようにすることが望ましいこと。

4.　特別支援学校における取組

(1) 特別支援教育のさらなる推進

特別支援学校制度は、障害のある幼児児童生徒一人一人の教育的ニーズに応じた教育を実施するためのものであり、その趣旨からも、特別支援学校は、これまでの盲学校・聾学校・養護学校における特別支援教育の取組をさらに推進しつつ、様々な障害種に対応することができる体制づくりや、学校間の連携などを一層進めていくことが重要であること。

(2) 地域における特別支援教育のセンター的機能

特別支援学校においては、これまで蓄積してきた専門的な知識や技能を生かし、地域における特別支援教育のセンターとしての機能の充実を図ること。

特に、幼稚園、小学校、中学校、高等学校及び中等教育学校の要請に応じて、発達障害を含む障害のある幼児児童生徒のための個別の指導計画の作成や個別の教育支援計画の策

定などへの援助を含め、その支援に努めること。

また、これらの機関のみならず、保育所をはじめとする保育施設などの他の機関等に対しても、同様に助言又は援助に努めることとされたいこと。

特別支援学校において指名された特別支援教育コーディネーターは、関係機関や保護者、地域の幼稚園、小学校、中学校、高等学校、中等教育学校及び他の特別支援学校並びに保育所等との連絡調整を行うこと。

(3) 特別支援学校教員の専門性の向上

上記のように、特別支援学校は、在籍している幼児児童生徒のみならず、小・中学校等の通常学級に在籍している発達障害を含む障害のある児童生徒等の相談などを受ける可能性も広がると考えられるため、地域における特別支援教育の中核として、様々な障害種についてのより専門的な助言などが期待されていることに留意し、特別支援学校教員の専門性のさらなる向上を図ること。

そのためにも、特別支援学校は、特別支援学校教員の特別支援学校教諭免許状保有状況の改善、研修の充実に努めること。

さらに、特別支援学校教員は、幼児児童生徒の障害の重複化等に鑑み、複数の特別支援教育領域にわたって免許状を取得することが望ましいこと。

5. 教育委員会等における支援

各学校の設置者である教育委員会、国立大学法人及び学校法人等においては、障害のある幼児児童生徒の状況や学校の実態等を踏まえ、特別支援教育を推進するための基本的な計画を定めるなどして、各学校における支援体制や学校施設設備の整備充実等に努めること。

また、学校関係者、保護者、市民等に対し、特別支援教育に関する正しい理解が広まるよう努めること。

特に、教育委員会においては、各学校の支援体制の整備を促進するため、指導主事等の専門性の向上に努めるとともに、教育、医療、保健、福祉、労働等の関係部局、大学、保護者、ＮＰＯ等の関係者からなる連携協議会を設置するなど、地域の協力体制の構築を推進すること。

また、教育委員会においては、障害の有無の判断や望ましい教育的対応について専門的な意見等を各学校に提示する、教育委員会の職員、教員、心理学の専門家、医師等から構

成される「専門家チーム」の設置や、各学校を巡回して教員等に指導内容や方法に関する指導や助言を行う巡回相談の実施（障害のある幼児児童生徒について個別の指導計画及び個別の教育支援計画に関する助言を含む。）についても、可能な限り行うこと。なお、このことについては、保育所や国・私立幼稚園の求めに応じてこれらが利用できるよう配慮すること。

さらに、特別支援学校の設置者においては、特別支援学校教員の特別支援学校教諭免許状保有状況の改善に努めること。

6. 保護者からの相談への対応や早期からの連携

各学校及び全ての教員は、保護者からの障害に関する相談などに真摯に対応し、その意見や事情を十分に聴いた上で、当該幼児児童生徒への対応を行うこと。

その際、プライバシーに配慮しつつ、必要に応じて校長や特別支援教育コーディネーター等と連携し、組織的な対応を行うこと。

また、本日施行される「学校教育法等の一部を改正する法律の施行に伴う関係政令の整備等に関する政令（平成19年政令第55号）」において、障害のある児童の就学先の決定に際して保護者の意見聴取を義務付けたこと（学校教育法施行令第18条の2）に鑑み、小学校及び特別支援学校において障害のある児童が入学する際には、早期に保護者と連携し、日常生活の状況や留意事項等を聴取し、当該児童の教育的ニーズの把握に努め、適切に対応すること。

7. 教育活動等を行う際の留意事項等

(1) 障害種別と指導上の留意事項

障害のある幼児児童生徒への支援に当たっては、障害種別の判断も重要であるが、当該幼児児童生徒が示す困難に、より重点を置いた対応を心がけること。

また、医師等による障害の診断がなされている場合でも、教師はその障害の特徴や対応を固定的にとらえることのないよう注意するとともに、その幼児児童生徒のニーズに合わせた指導や支援を検討すること。

(2) 学習上・生活上の配慮及び試験などの評価上の配慮

各学校は、障害のある幼児児童生徒が、円滑に学習や学校生活を行うことができるよう、必要な配慮を行うこと。

また、入学試験やその他試験などの評価を実施する際にも、別室実施、出題方法の工夫、時間の延長、人的な補助など可能な限り配慮を行うこと。

(3) 生徒指導上の留意事項

障害のある幼児児童生徒は、その障害の特性による学習上・生活上の困難を有しているため、周囲の理解と支援が重要であり、生徒指導上も十分な配慮が必要であること。

特に、いじめや不登校などの生徒指導上の諸問題に対しては、表面に現れた現象のみにとらわれず、その背景に障害が関係している可能性があるか否かなど、幼児児童生徒をめぐる状況に十分留意しつつ慎重に対応する必要があること。

そのため、生徒指導担当にあっては、障害についての知識を深めるとともに、特別支援教育コーディネーターをはじめ、養護教諭、スクールカウンセラー等と連携し、当該幼児児童生徒への支援に係る適切な判断や必要な支援を行うことができる体制を平素整えておくことが重要であること。

(4) 交流及び共同学習、障害者理解等

障害のある幼児児童生徒と障害のない幼児児童生徒との交流及び共同学習は、障害のある幼児児童生徒の社会性や豊かな人間性を育む上で重要な役割を担っており、また、障害のない幼児児童生徒が、障害のある幼児児童生徒とその教育に対する正しい理解と認識を深めるための機会である。

このため、各学校においては、双方の幼児児童生徒の教育的ニーズに対応した内容・方法を十分検討し、早期から組織的、計画的、継続的に実施することなど、一層の効果的な実施に向けた取組を推進されたいこと。

なお、障害のある同級生などの理解についての指導を行う際は、幼児児童生徒の発達段階や、障害のある幼児児童生徒のプライバシー等に十分配慮する必要があること。

(5) 進路指導の充実と就労の支援

障害のある生徒が、将来の進路を主体的に選択することができるよう、生徒の実態や進路希望等を的確に把握し、早い段階からの進路指導の充実を図ること。

また、企業等への就職は、職業的な自立を図る上で有効であることから、労働関係機関等との連携を密にした就労支援を進められたいこと。

(6) 支援員等の活用

障害のある幼児児童生徒の学習上・生活上の支援を行うため、教育委員会の事業等により特別支援教育に関する支援員等の活用が広がっている。

この支援員等の活用に当たっては、校内における活用の方針について十分検討し共通理解のもとに進めるとともに、支援員等が必要な知識なしに幼児児童生徒の支援に当たることのないよう、事前の研修等に配慮すること。

(7) 学校間の連絡

障害のある幼児児童生徒の入学時や卒業時に学校間で連絡会を持つなどして、継続的な支援が実施できるようにすることが望ましいこと。

8. 厚生労働省関係機関等との連携

各学校及び各教育委員会等は、必要に応じ、発達障害者支援センター、児童相談所、保健センター、ハローワーク等、福祉、医療、保健、労働関係機関との連携を図ること。

巻末資料2

「反抗挑戦性障害」「行為障害」「反社会性パーソナリティー障害」のDSM-Ⅳ-TRによる診断基準

(1) 反抗挑戦性障害

A. 少なくとも6カ月持続する拒絶的、反抗的、挑戦的な行動様式で、以下のうち4つ（またはそれ以上）が存在する。

（1）しばしばかんしゃくを起こす。

（2）しばしば大人と口論する。

（3）しばしば大人の要求、または規則に従うことに積極的に反抗または拒否する。

（4）しばしば故意に他人をいらだたせる。

（5）しばしば自分の失敗、不作法を他人のせいにする。

（6）しばしば神経過敏または他人によって容易にいらだつ。

（7）しばしば怒り、腹を立てる。

（8）しばしば意地悪で執念深い。

注：その問題行動が、その対象年齢および発達水準の人に普通認められるよりも頻繁に起こる場合にのみ、基準が満たされたとみなすこと。

B. その行動上の障害は、社会的、学業的、または職業的機能に臨床的に著しい障害を引き起こしている。

C. その行動上の障害は、精神病性障害または気分障害の経過中にのみ起こるものではない。

D. 行為障害の基準を満たさず、またその者が18歳以上の場合、反社会性パーソナリティ障害の基準は満たさない。

(2) 行為障害

A. 他者の基本的人権または年齢相応の主要な社会的規範または規則を侵害することが反復し持続する行動様式で、以下の基準の3つ（またはそれ以上）が過去12カ月の間に存在し、基準の少なくとも1つは過去6カ月の間に存在したことによって明らかとなる。

＜人や動物に対する攻撃性＞

(1) しばしば他人をいじめ、脅迫し、威嚇する。

(2) しばしば取っ組み合いの喧嘩を始める。

(3) 他人に重大な身体的危害を与えるような武器を使用したことがある（例:バット、煉瓦、割れた瓶、ナイフ、銃）。

(4) 人に対して残酷な身体的暴力を加えたことがある。

(5) 動物に対して残酷な身体的暴力を加えたことがある。

(6) 被害者の面前での盗みをしたことがある（例:人に襲いかかる強盗、ひったくり、強奪、武器を使っての強盗）。

(7) 性行為を強いたことがある。

＜所有物の破壊＞

(8) 重大な損害を与えるために故意に放火したことがある。

(9) 故意に他人の所有物を破壊したことがある（放火以外で）。

＜嘘をつくことや窃盗＞

(10) 他人の住居、建造物、または車に侵入したことがある。

(11) 物や好意を得たり、または義務を逃れるためしばしば嘘をつく（すなわち、他人を“だます”）。

(12) 被害者の面前ではなく、多少価値のある物品を盗んだことがある（例：万引き、ただし破壊や侵入のないもの；偽造）。

＜重大な規則違反＞

(13) 親の禁止にもかかわらず、しばしば夜遅く外出する行為が 13 歳以前から始まる。

(14) 親または親代わりの人の家に住み、一晩中、家を空けたことが少なくとも 2 回あった（または、長期にわたって家に帰らないことが 1 回）。

(15) しばしば学校を怠ける行為が 13 歳以前から始まる。

B．この行動の障害が臨床的に著しい社会的、学業的、または職業的機能の障害を引き起こしている。

C．その者が18歳以上の場合、反社会性パーソナリティ障害の基準を満たさない。

(3) 反社会性パーソナリティー障害

A．他人の権利を無視し侵害する広範な様式で、15歳以降起こっており、以下のうち3つ（またはそれ以上）によって示される。

（1）法にかなう行動という点で社会的規範に適合しないこと。これは逮捕の原因になる行為を繰り返し行うことで示される。

（2）人をだます傾向。これは繰り返し嘘をつくこと、偽名を使うこと、または自分の利益や快楽のために人をだますことによって示される。

（3）衝動性または将来の計画を立てられないこと。

（4）いらだたしさおよび攻撃性。これは身体的な喧嘩または暴力を繰り返すことによって示される。

（5）自分または他人の安全を考えない向こう見ずさ。

（6）一貫して無責任であること。これは仕事を安定して続けられない、または経済的な義務を果たさない、ということを繰り返すことによって示される。

（7）良心の呵責の欠如。これは他人を傷つけたり、いじめたり、または他人のものを盗んだりしたことに無関心であったり、それを正当化したりすることによって示される。

B．その人は少なくとも18歳である。

C．15歳以前に発症した行為障害の証拠がある。

D．反社会的な行為が起こるのは、統合失調症や躁病エピソードの経過中のみではない。

■著者
阿久澤 栄（あくざわ・さかえ）

玉川大学教職大学院准教授。特別支援教育、不登校専攻。

1948年、神奈川県生まれ。東京学芸大学教育学部卒業。神奈川県鎌倉市の公立小学校教諭として16年間勤務し、特殊学級で自閉症児を中心とした障害児への指導に携わる。この間、国立特殊教育研究所にて情緒障害児について専門研修を受講。その後、神奈川県教育委員会、障害児教育課などに勤務し、公立小学校教頭、知的障害養護学校長も歴任。玉川大学教育学部准教授を経て現職。神奈川県教育委員会発行の教員向け障害児教育関係啓発書を多数執筆。

■協力
土肥めぐみ（玉川大学大学院教育学研究科）
山田　絵里（玉川大学教育学部）
市川葉瑠菜（玉川大学教育学部）
神村　美花（玉川大学教育学部）

特別支援教育は「特別」なの？

2009年3月25日　初版第1刷発行

著　　者———阿久澤 栄
発 行 者———小原芳明
発 行 所———玉川大学出版部
〒194-8610　東京都町田市玉川学園6-1-1
TEL 042-739-8935　FAX 042-739-8940
http://www.tamagawa.jp/introduction/press/
振替　00180-7-26665
編集協力———株式会社イーノ
装幀・組版———みゅう工房（中里冴子）
印刷・製本———モリモト印刷株式会社

ISBN978-4-472-40385-9 C0037 / NDC378